ÉTUDES

SUR

L'ÉCONOMIE SOCIALE,

PAR

J.-B.-F. MARBEAU.

> Le bien est la fin des arts et des sciences : le
> premier des biens est donc la fin de la première
> des sciences ; or cette science est l'Economie
> sociale : le premier des biens se trouve donc
> dans l'ordre politique. Ce bien c'est la justice,
> c'est-à-dire l'utilité générale.
>
> (ARISTOTE, *Politique*, liv. III, ch. 8.)

PARIS,

AU COMPTOIR DES IMPRIMEURS-UNIS,

QUAI MALAQUAIS, 15.

1844

ÉTUDES

SUR

L'ÉCONOMIE SOCIALE.

IMPRIMERIE DE GUIRAUDET ET JOUAUST,
rue Saint-Honoré, 315.

ÉTUDES

SUR

L'ÉCONOMIE SOCIALE,

PAR

J.-B.-F. MARBEAU.

> Le bien est la fin des arts et des sciences ; le premier des biens est donc la fin de la première des sciences ; or cette science est l'Economie sociale : le premier des biens se trouve donc dans l'ordre politique. Ce bien c'est la justice, c'est-à-dire l'utilité générale.
>
> (Aristote, *Politique*, liv. iii, ch. 8.)

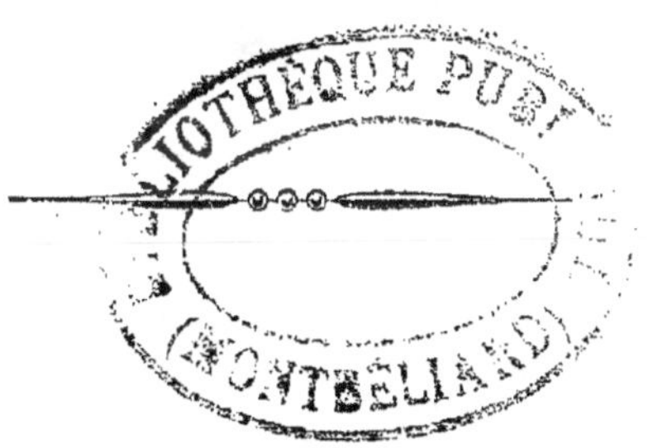

PARIS,

AU COMPTOIR DES IMPRIMEURS-UNIS,

QUAI MALAQUAIS, 15.

1844

AVANT-PROPOS.

Aimer les hommes, immoler l'erreur.
(Saint Augustin.)

L'économie sociale est une science, une science exacte, qui doit avoir, comme la physique, ses principes et ses règles. J'essaie de formuler ces règles, en indiquant, à mesure, les améliorations que l'état de la France me semble réclamer.

« Un peuple ne peut subsister sans gouvernement. — Un gou- » vernement est bon quand il est approprié aux besoins du pays. » — La nation est plus ou moins heureuse, suivant qu'elle est » plus ou moins bien gouvernée. » Ces axiomes, et beaucoup d'autres que je pourrais citer, me paraissent évidents comme les théorèmes des géomètres, et je crois qu'il n'est pas impossible de réduire en axiomes pareils tous les principes de la science sociale. Quand les prémisses auront été placées hors de discussion, il sera plus facile de s'accorder sur les conséquences. Mais il est vrai que la tâche est immense et des plus difficiles.

Tout se tient dans l'économie sociale, et l'on n'en peut connaître une partie qu'après en avoir étudié l'ensemble ; il faut donc passer tour à tour de la synthèse à l'analyse, de l'analyse à la synthèse ; éclairer la théorie par la pratique et la pratique par la théorie. Le travail d'un seul homme ne peut y suffire ; j'appelle à mon secours tous les amis de la science.

J'ai mis à contribution les auteurs sacrés et profanes, anciens et modernes, français et étrangers, parce que la vérité est de tous les temps et de tous les pays. J'ai consulté surtout les archives du genre humain, la morale en action des peuples, l'histoire, flambeau de vérité, flambeau que les générations transmettent aux générations, qui grandit toujours, s'élève toujours, et ne s'éteint jamais. « L'histoire est le thresor de la vie humaine. Imaginez en « quelle horreur de tenebres et quelle fondriere d'ignorance bes- » tiale nous serions abysmés, si la souvenance de tout ce qui » s'est faict ou est advenu avant que nous fussions nez estoit en- » tierement abolie et esteincte. » (AMYOT.)

L'exemple, d'ailleurs, a sur l'homme plus de puissance que le raisonnement ou le précepte; mais l'exemple est une lumière qui faiblit en s'éloignant. Il faut donc puiser de préférence dans l'histoire moderne, dans l'histoire contemporaine, dans l'histoire des nations voisines, dans l'histoire du peuple dont on désire le plus ardemment le bonheur. C'est dans les entrailles même du corps social français, en comparant ce qu'il est à ce qu'il fut, que j'ai cherché la solution des problèmes sociaux.

Mais une lumière si rapprochée peut éblouir; l'amour du pays nous égare, et je prends peut-être quelquefois mes désirs pour des réalités. Le flambeau de l'histoire ne suffit donc pas : il faut que la critique me prête le sien. J'avancerai ensuite d'un pas plus sûr vers le but que j'espère atteindre.

Je ne suis d'aucun parti, d'aucune secte : je puis dire comme Tacite : *Mihi Galba, Otho, Vitellius, nec beneficio nec injuria cogniti.* Je suis Français, comme il était Romain, et je préfère mon pays à tous les autres. J'aime la France, malgré ses défauts; j'aime son gouvernement et ses lois, malgré leurs imperfections. Mais je voudrais que ces imperfections et ces défauts disparussent. Comme j'aime la France, je respecte ses volontés, sa charte, son chef, ses institutions, ses alliances; et je ne puis aimer ses ennemis.

Cependant l'amour de la patrie ne m'aveugle pas sur le mérite des autres nations. Je sais que tous les peuples ont fourni leur contingent au grand œuvre de la civilisation, qui profite à tous. La France et l'Angleterre y travaillent avec le plus d'ardeur; voilà pourquoi je les cite le plus souvent. L'action de la France n'est pas aussi étendue que celle de l'Angleterre, mais elle est plus humaine et moins égoïste. L'Anglais aime la civilisation et la liberté pour lui ; le Français, pour elles-mêmes. La Russie porte le sceptre de la force ; l'Angleterre, celui de l'industrie et du commerce ; l'Italie s'efforce de conserver celui des arts ; la France n'a pour elle que le sceptre de la droiture, du bon goût, de l'intelligence et de la générosité ; mais elle tend à partager avec les autres nations le sceptre que tient chacune d'elles. « Grâce à » Dieu, la France est ainsi placée dans le monde, qu'elle n'a aucun intérêt incompatible avec les grands intérêts européens.» (De Lamartine.) Elle n'envie pas le bonheur des autres nations, parce qu'elle sent qu'il ajoute au sien propre. Elle porte le flambeau de la civilisation, mais elle le porte assez haut pour éclairer l'univers. Aussi tous les peuples malheureux tournent les yeux vers la France !

Je n'attaque jamais les personnes ; je m'écarte le moins possible de la région des principes. Toutes les opinions me semblent respectables, quand elles sont consciencieuses : il y a de l'honneur et de la délicatesse dans tous les camps. Sur beaucoup de points, l'âge, l'étude et l'expérience, ont modifié mes opinions, et les modificront probablement encore ; voilà pourquoi je n'en adopte aucune, dans les matières douteuses, que sous la réserve de changer s'il m'est prouvé que je me trompe. Cette précaution me permet d'être plus affirmatif. Où en serions-nous, grand Dieu ! s'il était défendu de rectifier ses erreurs !

Les Anciens avaient dit : *Errare humanum est ;* les Théologiens ajoutèrent : *Perseverare diabolicum.* De cette grande vérité je tire trois conséquences : — la première, qu'il faut nous éclairer sans cesse, afin de nous tromper le moins possible : quand l'horizon de l'homme s'agrandit, il lui faut plus de lumières ; — la seconde, qu'il faut être indulgent pour les erreurs d'autrui : amnistions l'erreur : « Que celui qui est sans péché lui jette la première pierre ! » ; — la troisième, que l'homme qui découvre une vérité, ou quelque aperçu nouveau sur des vérités déjà connues, doit s'empresser de les publier.

Nous sommes loin du temps où Fontenelle redoutait la vérité ; où Louis XV s'enfermait pour examiner en secret les dépenses publiques; où Montesquieu cherchait au loin des imprimeurs pour l'*Esprit des lois!* Aujourd'hui la vérité n'effraie que le crime ou la pusillanimité. Je la dis sans inquiétude. Heureux le temps, heureux le pays où l'on peut s'exprimer ainsi! *Rara temporum felicitate, ubi sentire quæ velis et quæ sentias dicere licet.* (TACITE.)

Je propose tant d'améliorations, que le lecteur pourrait croire, de prime abord, que je blâme tout ce qui se fait parmi nous. Il n'en est rien. Les choses que je trouve excellentes sont infiniment supérieures en nombre à celles que je désapprouve; mais il n'entrait pas dans mon plan de les énumérer toutes : je voulais être bref. Mais avant tout je veux être vrai; et si je fais beaucoup de sacrifices à la concision, à la clarté, je n'en fais aucun à la flatterie, aucun à l'esprit de parti.

Je rends hommage à la vérité quand j'affirme qu'il n'existe pas sur la terre un pays où l'homme *soumis aux lois* jouisse d'une liberté, d'une sécurité, d'un bonheur plus grand, que sur la France continentale ; — et que jamais, à aucune époque de l'histoire, la France n'atteignit le degré de prospérité dont elle jouit depuis quelques années. Mais je voudrais la voir plus heureuse encore, et je dis à quelles conditions elle pourra le devenir. Soyons justes envers le passé, mais ne soyons pas injustes envers le présent.

Le génie de la guerre présidait à nos destinées, le génie de la paix y préside à son tour; puisse-t-il répandre long-temps ses bienfaits sur la France et sur toutes les nations!

Paris, 25 février 1844.

ÉTUDES

SUR

L'ÉCONOMIE SOCIALE.

> Le bien est la fin des arts et des sciences : le premier des biens est donc la fin de la première des sciences ; or cette science est l'Economie sociale : le premier des biens se trouve donc dans l'ordre politique. Ce bien c'est la justice, c'est-à-dire l'utilité générale.
>
> (ARISTOTE, *Politique*, liv. III, ch. 8.)

TITRE PRÉLIMINAIRE.

L'Economie sociale enseigne les moyens de procurer à la nation tout le bonheur dont elle est susceptible. — Ces moyens, quoique très compliqués, peuvent se résumer en un seul, qui les procure tous : « *de bonnes lois, — bien exécutées* ». — Ainsi, l'économie sociale doit se diviser en deux parties qui président, — l'une à la confection des lois, — l'autre à leur exécution. J'appellerai la première, Science législative, et la seconde, Science exécutive.

La *Science législative* comprend la statistique,

1

l'économie politique, l'histoire, le droit, et l'art de formuler la loi.

La *Statistique* fait connaître l'état du pays, tous ses besoins, tous ses intérêts et toutes ses ressources.

L'*Economie politique* enseigne les moyens d'accroître les ressources, et de les appliquer aux besoins, de la manière la plus utile au pays.

L'*Histoire* indique les voies à suivre, les écueils à éviter, les précautions à prendre pour bien conduire la chose publique. Elle montre l'influence des lois sur les mœurs, des mœurs sur les lois, des lois et des mœurs sur le gouvernement ; l'action du gouvernement, des lois et des mœurs, sur le bonheur social ; elle explique les causes des révolutions, leurs effets, leurs dangers, et les moyens de les prévenir ou de les terminer.

Le *Droit*, science du juste et de l'injuste, est la boussole du législateur ; les nations qui s'écartent des voies de l'équité s'éloignent du bonheur. *A recto fine deviat civitas quæ sibi finem aliam figit quam virtutem, honestatem et justitiam.* « Les na-
» tions ne seront heureuses, dit Beccaria, que
» quand la saine morale sera étroitement unie à
» la politique. » (*Des délits et des peines*, ch. 22.)

La connaissance des lois existantes est également nécessaire, parce que les lois nouvelles doivent être en harmonie avec la législation restée en vigueur, sous peine de tiraillement dans l'exécution.

Quand la statistique a fait connaître les besoins et les ressources du pays ; l'économie politique, les meilleurs moyens d'appliquer les unes aux autres ; quand l'histoire a donné ses avis ; le droit, ses préceptes, que faut-il encore pour obtenir une bonne loi? — Que le législateur *formule* clairement sa volonté.

Une loi bonne et bien formulée s'exécute facilement. Une mauvaise loi ne s'exécute pas, ou s'exécute mal. Or l'exécution est la vie les lois.

La *Science exécutive* embrasse tout ce qui concerne l'administration de la chose publique dans son ensemble, dans toutes ses parties, au dedans et au dehors.

Pour assurer l'exécution des lois, il faut 1° un pouvoir capable de vaincre toute résistance intérieure ou extérieure; 2° qu'il y ait dans la législation *unité*, *clarté*, *moralité*.

Chacune des branches de la science législative, — chacune des branches de la science exécutive, — est elle-même une science, une science qui a ses règles, ses limites, ses ramifications.

Les rameaux de toutes ces sciences, partant d'un tronc unique, l'économie sociale, tendent à un but unique, le bonheur social, et se prêtent mutuellement secours pour y atteindre.

J'ai divisé ces Etudes en 6 livres : le 1ᵉʳ examine le Corps social dans son ensemble et dans ses parties essentielles; le 2ᵉ, complément du 1ᵉʳ, traite plus spécialement de la Population, du

Travail, de la Propriété, du Territoire, de la Richesse, de la Religion, de la Morale et de l'Edu-
cation; le 3ᵉ, du Bonheur social, des éléments qui
le constituent, des choses qui hâtent ses progrès
et de celles qui les retardent; le 4ᵉ, des Lois;
le 5ᵉ, du Gouvernement, des Moyens de gouverner et des Charges publiques; le 6ᵉ enfin, des Révolutions.

LIVRE PREMIER.
DE LA NATION.

1ʳᵉ Partie.

DE LA NATION CONSIDÉRÉE DANS SON ENSEMBLE.

TIT. Iᵉʳ. — CE QUE C'EST QU'UNE NATION.

CHAPITRE 1ᵉʳ. — *De quoi elle se compose.*

La nation se compose des individus de tout sexe,
de tous âges et de tous états, qui vivent sous le
même gouvernement. « Si l'un des membres souf-
» fre, tous les autres souffrent avec lui; si l'un
» des membres reçoit de l'honneur, tous les au-
» tres s'en réjouissent avec lui. » (SAINT PAUL.)
On donne à la nation les noms de corps social,
corps politique, peuple, état, pays.

CHAPITRE 2. — *Comparaison de la nation*
avec l'homme.

On compare à l'homme la nation, parce qu'elle
a, comme lui, un corps, des organes, des facul-

tés, une intelligence, une volonté, une force; des besoins, des ressources, des penchants, des habitudes, un caractère, des croyances; qu'elle a aussi son honneur et sa dignité à conserver, un commencement et une fin, et qu'elle est heureuse ou malheureuse suivant qu'elle se conduit bien ou mal.

Mais elle diffère de l'homme en ce que 1° son unité n'est que fictive, d'où vient 2° que la nation peut changer d'organes, 3° qu'elle se renouvelle intégralement, 4° qu'elle peut s'incorporer à une autre nation, 5° que ses membres peuvent exister hors d'elle, 6° qu'ils peuvent s'unir à un autre corps social, 7° enfin qu'elle peut se diviser en plusieurs nations.

Chapitre 3. — *Des liens sociaux.*

Les hommes sont unis en société par l'affection, le besoin, la crainte, l'habitude, l'intérêt et le devoir, — sous un lien suprême : le gouvernement. *Summum imperium vinculum est civitatis.* Tous ces liens attachent les citoyens et les familles en un corps social appelé nation ou peuple.

Le mot *affection* embrasse tous les sentiments qui rapprochent les hommes : l'amour créateur des familles, l'amour paternel, la piété filiale, la charité, l'amitié, l'amour de la patrie, l'amour du pays, l'amour de Dieu et des croyances de nos pères, etc.

Il y a deux sortes de *craintes* : l'une synonyme de *terreur*, l'autre de *respect*. Un mauvais gouvernement a besoin d'inspirer la première ; la seconde suffit au gouvernement national.

L'*intérêt* dérive de l'amour de soi. Quand l'amour de soi est exclusif, il prend le nom d'*égoïsme*, et produit l'*intérêt sordide* ; mais quand il se concilie avec l'amour des autres, il engendre l'*intérêt bien entendu*, qui est toujours d'accord avec le devoir.

L'*intérêt général* est la somme des intérêts privés ; il les domine tous, mais ne doit en sacrifier aucun sans nécessité, sans indemnité.

Tous les hommes seraient amis s'ils connaissaient bien leurs véritables intérêts.

« Le plus cruel ennemi de l'homme, c'est » l'homme. » (Pierre Leroux, *De l'humanité*.)

..... Nostrorum causa malorum
Nos sumus.....

Je parlerai plus bas du besoin, de l'habitude, du devoir et du gouvernement.

Chapitre 4. — *De l'unité nationale.*

La nation est *une* ; elle ne serait plus nation si elle avait deux corps ou deux gouvernements ; mais l'unité nationale est plus ou moins imparfaite.

On appelle *unitaire* le corps social dont toutes les parties ont une même nationalité, comme la

France ; on appelle *fractionnaire* celui qui se compose de plusieurs parties ayant chacune leur nationalité propre, comme l'Autriche, l'Angleterre.

L'homogénéité donne plus d'harmonie, d'union, de force et de sécurité. Si le corps social unitaire est fractionné par les opinions, il perd les avantages de l'*unité*. — Le prophète a dit : « Tout » royaume divisé en lui-même sera désolé. »

TIT. II. — FACULTÉS ET ORGANES DE LA NATION.

CHAPITRE 1ᵉʳ. — *Facultés de la nation.*

La nation a la faculté de distinguer ce qui lui est utile ou nuisible ; de fuir le mal et de rechercher le bien ; de vouloir, d'exprimer sa volonté, et de la faire exécuter ; enfin de se donner les organes dont elle a besoin pour user de ses facultés. L'usage qu'elle fait de ses facultés influe puissamment sur le bonheur social.

CHAPITRE 2. — *De l'intelligence nationale.*

Composée d'êtres intelligents, la nation est intelligente ; son intelligence est la somme des intelligences de ses membres. Plus ils s'éclairent, moins elle est exposée à prendre le mal pour le mieux. Il lui importe donc toujours de favoriser l'accroissement et la diffusion des lumières, et

d'éclairer les citoyens sur leurs véritables intérêts.
— Plus est restreint l'empire de l'ignorance, plus
diminue l'empire du mal.

Chapitre 3. — *De la volonté nationale.*

La nation a une volonté : elle veut être aussi
heureuse, aussi bien gouvernée que possible.
Consensus omnium pro salute omnium. La volonté
nationale est l'âme du corps social; nier l'âme
parce qu'on ne voit que le corps, c'est nier la lumière parce qu'on est aveugle. — La volonté nationale est *une*, comme la nation.—Elle est toute-
puissante sur le corps social et sur ses membres;
sa toute-puissance n'a que deux limites : le juste
et le possible. — La volonté nationale est la
source de tous les pouvoirs sociaux. *Omnis potes-
tas à Deo. — Vox populi vox Dei.* Cette source
précieuse coule sans cesse plus ou moins paisible
suivant que le pays est plus ou moins bien gouverné.

La volonté nationale se manifeste de mille manières, suivant les temps et les lieux. Elle est
sujette à erreur; on peut, on doit toujours l'é-
clairer; mais lui résister absolument est impossible. — Le pouvoir législatif est son organe ordinaire; le pouvoir constituant, son organe extraordinaire.

L'opinion publique n'est pas toujours la volonté
générale, mais elle peut le devenir; il faut donc

aussi l'éclairer et l'empêcher de s'égarer. Prouvez-nous que les choses que nous demandons seraient nuisibles, nous cesserons de les demander, car nous ne voulons que ce qui nous semble utile.

CHAPITRE 4. — *De la force nationale.*

La force nationale a trois éléments : force matérielle, force intellectuelle, force morale.

La force matérielle d'un peuple consiste dans une population nombreuse, saine, aguerrie; une bonne armée de terre et de mer, des frontières et des alliances solides, des arsenaux et des coffres bien garnis, enfin dans des rades spacieuses et des ports sûrs; — sa force intellectuelle, dans une population éclairée; — sa force morale, dans le sentiment de la supériorité, dans la confiance que donnent des succès antérieurs, dans l'amour de la patrie, du devoir, de la gloire, dans l'enthousiasme religieux ou politique.

Un peuple qui réunit ces éléments est invincible; celui qui n'a plus ou croit n'avoir plus la force de résister à ses ennemis perdra bientôt son indépendance, et peut-être sa nationalité.

CHAPITRE 5. — *Organes de la nation.*

La nation se donne les organes dont elle a besoin pour se faire conduire. Ces organes sont 1° un pouvoir qui trace la ligne à suivre; 2° des pouvoirs qui la suivent.

Quand les organes qu'elle a sont appropriés à
ses besoins, elle est aussi heureuse que sa nature
et sa position le permettent; quand ils ne le sont
pas, elle souffre.

TIT. III.—BESOINS, RESSOURCES, PENCHANTS ET HABITUDES
DE LA NATION.

CHAPITRE 1er.—*Des besoins et des intérêts sociaux.*

Le besoin lie tous les citoyens. Il détermine le
genre de travail, les mœurs, les lois, le gouvernement, les rapports internationaux. Il fait surgir
les ressources, les multiplie, les attire, et les distribue à son gré. C'est le grand moteur du mécanisme social.

A la suite du besoin marche l'intérêt, qui, pour
le servir, prend toutes sortes de formes, et va
chercher les ressources partout, jusqu'au centre
brûlant de la terre. Un bon gouvernement protége
tous les intérêts sans en opprimer aucun.

Chaque être a des besoins relatifs à sa nature,
à sa conformation, et aux circonstances dans lesquelles il vit. Les besoins du peuple continental
diffèrent des besoins de l'insulaire. Mais il est un
besoin qu'éprouvent toutes les nations : *le besoin
d'être, le besoin d'être aussi heureuses que possible.*
Les autres besoins sociaux ont pour but final la

satisfaction de ce besoin essentiel ; tous se modifient suivant les temps et les lieux, suivant les circonstances dans lesquelles gravite la nation : celui-là seul est invariable.

Tout peuple a des besoins matériels, des besoins intellectuels, et des besoins moraux. Les premiers concernent la nourriture, le vêtement, le logis, et tout ce qui a rapport au physique ; les autres sont relatifs au développement de l'intelligence et aux rapports de bonne harmonie entre les citoyens. Le bien-être social résulte de la satisfaction de tous ces besoins.

Il faut donc étudier sans cesse les besoins du pays, les changements qui y surviennent, et les causes de ces changements ; distinguer les besoins factices des besoins réels, les besoins créés par la nature de ceux que l'habitude introduit ; les besoins passagers des besoins permanents ; combattre dans leur principe ceux dont la satisfaction nuit, et développer ceux dont la satisfaction est utile au public : en un mot, il faut satisfaire tous les besoins réels, et les satisfaire de la manière la plus propre à augmenter le bonheur des citoyens, à diminuer le nombre des malheureux.

Chapitre 2. — *Ressources nationales.*

Un peuple a des ressources ordinaires et des ressources extraordinaires.

Les ressources ordinaires sont 1° la population, 2° le territoire, 3° le travail, 4° les richesses acquises, 5° le temps, 6° les alliances, 7° le crédit.

Les ressources extraordinaires sont 1° les mers, 2° les territoires inoccupés, 3° le commerce extérieur, 4° les conquêtes.

Le temps est l'élément de notre vie, le plu s précieux de nos capitaux, le seul que nous ne puissions pas augmenter. L'emploi du temps est donc, pour les nations comme pour les individus, chose importante. Le temps et le travail sont les principaux agents de la richesse.

Un peuple ne pourrait subsister sans crédit ; ainsi tout système politique hostile au crédit est par cela seul contraire aux intérêts du peuple. Le numéraire et le crédit sont au corps social ce qu'est le sang au corps humain ; ils portent le mouvement et la vie partout.

Les conquêtes de la science et de l'industrie coûtent moins et rapportent plus que celles des armes. Comme elles sont utiles à toutes les nations, elles procurent des amis au lieu d'attirer des représailles.

CHAPITRE 3. — *Penchants et habitudes du corps social.*

Les penchants dérivent des besoins : l'homme du désert est nomade ; l'insulaire, navigateur. Des besoins et des penchants dérivent les habitudes, et l'ensemble des habitudes sociales constitue les mœurs.

TIT. IV. — CARACTÈRE PARTICULIER DE LA NATION.

CHAPITRE 1er. — *Chaque peuple a son caractère.*

Jamais il n'exista deux choses pareilles : tous les peuples se ressemblent; mais chacun a son caractère particulier, son génie, sa physionomie. L'orgueil espagnol dédaigne le travail; la vanité française le recherche; l'Anglais ne vit que pour gagner. L'Allemand dit : « Rien n'est bon que le vieux »; le Français, au contraire : « Tout ce qui est nouveau est beau. »

L'esprit d'un peuple est le *moi* national; il se hume avec l'air, et se perpétue comme le sang de la race. On reconnaît encore l'esprit français au portrait qu'en fit Montesquieu.

Il est plus facile de changer les lois que les mœurs, les mœurs que l'esprit. L'esprit cependant s'améliore ou s'altère à la longue; voici comment : l'éducation change les idées; l'éducation et les idées changent les mœurs; l'éducation, les idées et les mœurs, changent les lois et le gouvernement; tout cela réuni modifie l'esprit du corps social. Le législateur habile fait tourner les modifications vers le bien.

Il est toujours dangereux de blesser l'*esprit* d'un peuple : en 1814, les Bourbons l'éprouvèrent.

Il ne faut pas confondre l'esprit d'un peuple avec l'esprit national.

CHAPITRE 2. — *De l'esprit national.*

Esprit national est synonyme d'amour de la patrie, de dévoûment au pays. L'esprit national est un puissant défenseur, un élément de force et de bien-être ; mais il ne faut pas l'exagérer : car, s'il dégénère en égoïsme, il expose la nation à la haine des autres peuples. Ne le confondez pas avec l'esprit de parti, son dangereux ennemi.

CHAPITRE 3. — *De l'esprit de parti.*

L'esprit de parti est une espèce de fanatisme qui éclipse la raison. Ce qui le rend dangereux surtout, c'est qu'il prend les couleurs de l'esprit national.

L'homme de parti sacrifie tout à son idole ; et l'esprit de parti change le lévite en soldat, le magistrat en bourreau, le législateur en factieux. Il n'est point de vérité qu'il ne conteste, point de mensonge qu'il ne cherche à décorer du nom de vérité. Il se fait un jeu de tout, même du parjure ! Malheur au pays que gouverne l'esprit de parti !

Il tombera de faute en faute, jusqu'à ce que l'esprit national ait le dessus.

CHAPITRE 4.—*Honneur national, dignité nationale.*

Chaque peuple a son honneur, sa dignité, sentinelles avancées de l'indépendance nationale.

Louis XVIII blessa l'honneur national quand il écrivit : « Après Dieu, je dois ma couronne au Régent. »

Louis XIV et Napoléon avaient le sentiment profond de l'honneur et de la dignité du peuple français. « Le sentiment de l'honneur national, disait le prisonnier de Sainte-Hélène, n'est jamais qu'assoupi chez les Français : il ne faut qu'une étincelle pour le rallumer. »

Bossuet a dit : « Qui peut mettre dans l'esprit des peuples la gloire, la patience dans les travaux, la grandeur de la nation et l'amour de la patrie, peut se vanter d'avoir trouvé la constitution de l'état la plus propre à produire de grands hommes. »

TIT. V.— DROITS ET DEVOIRS DE LA NATION.

CHAPITRE 1er.—*Droits du corps social sur lui-même.*

Le corps social a droit de se faire gouverner comme il lui plaît, de changer de gouvernement

quand bon lui semble, et de faire sur son territoire tout ce qu'il juge conforme à ses intérêts.

Mais tout changement de gouvernement est une
crise, et toute crise un mal, ou du moins un danger ; et l'intérêt du corps social est toujours de
fuir le mal et le danger.

Après cinquante ans de révolutions, nier le droit
de changer le gouvernement, c'est puéril. Mais on
peut, on doit prouver aux peuples, l'histoire à la
main, qu'une révolution compromet tout, jusqu'à
leur existence même.

Chapitre 2. — *Droits du corps social sur ses membres.*

La nation a droit d'imposer à ses membres les
charges nécessaires pour bien conduire la chose
publique ; de les récompenser, de les punir, et
même de supprimer ceux qui seraient dangereux.
Elle a droit aussi d'exproprier leurs biens quand
l'utilité publique l'exige, sauf indemnité. En un
mot, le corps social a droit à l'obéissance de tous
ses membres, sans aucune exception.

Chapitre 3. — *Droits du corps social sur les étrangers qui habitent son territoire.*

L'étranger est membre de la cité pendant qu'il
l'habite, et la nation a sur lui les mêmes droits
que sur ses propres membres ; elle peut en outre

prendre à son égard les précautions particulières qui lui semblent nécessaires.

Chapitre 4. — *Droits du corps social sur les mers et sur les territoires inoccupés.*

Le corps social a droit de se servir des mers, de s'approprier les territoires inoccupés, et de tirer des unes et des autres le meilleur parti possible.

Chapitre 5. — *Du droit de conquête.*

Le titre primordial des nations, c'est le droit de premier occupant; mais partout la conquête a déchiré le titre primordial.

A mesure que la civilisation fait des progrès, la conquête devient plus difficile entre nations civilisées. La conquête n'est, au fond, qu'un vol de nation à nation.

Chapitre 6. — *Devoirs du corps social envers lui-même et envers les citoyens.*

Le corps social se doit et doit à ses membres :

1° D'user de tous ses droits de la manière la plus utile au plus grand nombre, et suivant les règles de la morale;

2° D'instituer un gouvernement capable d'assurer la jouissance de tous les éléments du bien-être;

3° De soutenir et d'améliorer ce gouvernement ;

4° De faire enseigner à tous ses membres leurs droits, leurs devoirs, et l'art de vivre en société ;

5° Enfin de ne rien négliger pour protéger efficacement les bons citoyens contre les mauvais.

Chapitre 7. — *Devoirs du corps social envers l'étranger.*

Sur son territoire, le corps social doit à l'étranger l'eau, le feu, justice et protection. Celui qui méconnaît les lois de l'hospitalité blesse l'humanité ; mais le corps social ne doit pas traiter l'étranger mieux que ses propres enfants.

Chapitre 8. — *Liaison des droits et des devoirs.*

Le corps social n'exerce pas bien ses droits s'il ne remplit scrupuleusement tous ses devoirs ; il ne remplit pas bien ses devoirs s'il n'exerce tous ses droits. Quand il néglige ses droits ou ses devoirs, il marche à sa perte.

***

TITRE VI. — FIN DU CORPS SOCIAL.

Chapitre 1ᵉʳ. — *Causes de ruine sociale.*

L'être finit quand il ne réunit plus les conditions essentielles de son existence. Il faut bien que ce qui est fasse place à ce qui sera ; Dieu seul est éternel.

'La grandeur et la décadence des états ont des causes diverses, mais infaillibles, comme les lois générales de l'univers, et la sagesse prolonge la durée des empires, comme elle prolonge la vie des hommes : une sage politique est l'hygiène des nations.

Israel finit par la dispersion ; l'empire des Incas, par l'extermination ; la Pologne, par la division ; la Silésie, par l'incorporation à un autre peuple. De toutes les causes de ruine les plus communes sont la guerre, les discordes civiles et la corruption.

Chapitre 2. — *De la guerre.*

La guerre est un procès dont la perte amène les plus grands maux, et quelquefois la fin même du plaideur malheureux. En 1815, quelques chefs étrangers demandaient le partage de la France ; on ne put s'entendre sur les lots, on se contenta de la mutiler.

Chapitre 3. — *Des discordes civiles.*

Les discordes civiles éloignent le bonheur social, énervent la nation, attirent l'étranger. Que l'Espagnol est malheureux !

> ... En quo discordia cives
> Perduxit miseros! ....

CHAPITRE 4. — *De la corruption.*

Quand la corruption a rongé les organes essentiels, le corps tombe.

CHAPITRE 5. — *Démembrement du corps social.*

Un peuple est sujet au démembrement s'il est trop grand ou trop petit. Celui dont le développement est devenu tel, que le centre ne domine plus les extrémités, perdra bientôt celles de ces extrémités qui tiennent le moins au corps. L'Angleterre, l'Espagne, la Turquie, ont éprouvé ce phénomène.

Plus augmente un empire déjà grand, plus il hâte le démembrement. Quand le soleil ne monte plus, il descend.

2ᵉ Partie.

DE LA NATION CONSIDÉRÉE SOUS SES DIVERS ASPECTS, OU ANALYSE DU CORPS SOCIAL.

—

TITRE I.

CHAPITRE UNIQUE. — *Valeur numérique de chaque citoyen.*

Chacun des individus qui composent la nation est citoyen. Chaque citoyen est à la fois *souverain* et *sujet ;* mais il est souverain pour sa quote part seulement, et sujet pour toute sa personne et tous ses biens. Je suis souverain pour un trente-six-millionième ; je suis soumis aux lois pour *tout.*

Aucun des associés ne peut rien individuellement contre la volonté de tous ; aucune fraction n'a droit de faire aux autres la loi. Quand une poignée de mécontents s'agite pour renverser un pouvoir que la nation veut garder, elle ressemble à ces insectes qui bourdonnent aux oreilles du lion assoupi : le lion secoue la crinière et s'endort.

TITRE II. — DU CORPS SOCIAL CONSIDÉRÉ SOUS LE RAPPORT DES SEXES, DES AGES ET DES FAMILLES.

CHAPITRE 1er. — *Des sexes.*

Ce n'est pas la loi, c'est la nature qui fait à chaque sexe un lot différent. L'homme écrit la loi, mais elle n'est bonne pour lui que si elle l'est pour sa mère, pour sa compagne, pour sa fille.

« Plus avance la civilisation, plus l'intelligence » prend d'empire sur la force, plus s'améliore le » sort des femmes. » (CHASTELLUX, *De la félicité publique.*)

La femme exerce une action puissante sur les mœurs, sur l'éducation, sur la force morale et physique des citoyens. L'éducation des femmes importe donc au bien de la famille, au bonheur social, autant que celle des hommes.

CHAPITRE 2. — *Des âges.*

Le corps social se divise en générations; et comme la mort prélève tous les jours un tribut sur chacune, toutes diminuent en vieillissant; de sorte que la nation présente constamment l'aspect d'une pyramide au sommet de laquelle est le doyen des vieillards, et dont la base est occupée par les nouveau-nés.

Le cadre et les rôles sont toujours les mêmes,

quoique les noms changent toujours : l'enfance joue, la jeunesse travaille, l'âge viril gouverne, et la vieillesse conseille.

Chapitre 3. — *Des familles.*

L'union des sexes fonde la famille ; l'union de familles constitue le corps social ; le genre humain est l'ensemble des corps sociaux. L'union des sexes est donc le premier anneau de la chaîne qui lie tous les mortels.

Le besoin et l'affection créent la famille ; l'affection et le besoin président à sa conservation et à son développement. L'enfant a besoin du lait et des soins de sa mère ; la mère a besoin des secours et de la protection de son époux. Le père s'aime dans sa compagne et dans son enfant ; il travaille pour eux et pour lui-même ; plus tard le fils nourrira son vieux père, et mieux il traitera ses parents, mieux il sera traité par ses enfants.

Ainsi la famille est un lien formé par les besoins et les affections de tous les membres qui la composent.

Le sort de la famille dépend, en général, du chef ; s'il se conduit bien, et s'il la conduit bien, tout prospère.

Quand les familles sont heureuses, le pays est heureux.

CHAPITRE 4. — *Du célibat.*

Le célibat est contraire à la nature et aux bonnes mœurs : le célibataire ne remplit pas tous ses devoirs envers la patrie, envers le Créateur. « Plus » on diminue le nombre des mariages qui pour-» raient se faire, dit Montesquieu, plus on cor-» rompt ceux qui sont faits. » Il ne suffit donc pas d'encourager le mariage ; il faudrait, par les mœurs et par les lois, décourager le célibat.

CHAPITRE 5. — *Des enfants naturels.*

La patrie doit être juste envers l'enfant né hors mariage comme envers les autres. Pourquoi le punir des fautes d'autrui? Quel sentiment peut-il avoir pour l'autorité injuste envers lui? pour des parents dont il expie les fautes ? pour une famille qui le repousse? pour une société qui l'humilie ? Son mécontentement éclate pendant les orages politiques..... Permettez-lui d'aspirer à une espè-ce de légitimation, vous aurez quelques ennemis de moins, quelques bons citoyens de plus. Que la famille soit consultée, il s'efforcera de mériter son agrément.

Chapitre 6. — *Des enfants trouvés.*

Il existe, dans certaines contrées, des maisons où les enfants trouvés gagnent, par leur travail, de quoi pourvoir à leur éducation et à leur entretien, et même de quoi rembourser les frais de leurs premières années. Parvenus à leur majorité, ils entrent dans la société avec un état, une bonne éducation et des habitudes de travail, d'ordre et d'économie, qui en font d'excellents citoyens. Voilà comment fardeau peut devenir richesse.

Chapitre 7. — *Des serviteurs.*

Le serviteur fait partie de la famille. Entre celui qui sert et celui qui est servi, l'égalité n'existe plus, mais elle revient quand le serviteur cesse de vouloir obéir. Nul ne sert malgré lui.

Le service ne dégrade pas ; un bon serviteur vaut mieux qu'un mauvais maître. Vivre en société, c'est servir et être servi tour à tour. Le marchand sert ses pratiques ; l'avocat, ses clients. Le soldat, le fonctionnaire, le roi, servent la patrie. Le mérite d'un homme se mesure aux services qu'il a rendus.

Le riche se fait servir plus qu'il ne sert ; le pauvre sert plus qu'il ne se fait servir ; mais la roue de la fortune tourne sans cesse, et le pauvre, en servant, acquiert de quoi se faire servir.

TIT. III. — DU CORPS SOCIAL CONSIDÉRÉ SOUS LE RAPPORT DES ÉTATS ET DES CONDITIONS.

CHAPITRE 1ᵉʳ. — *Inégalité naturelle.*
Inégalité des conditions.

Examinez deux frères élevés avec le même soin, dotés également, exerçant le même état : l'un va toujours mieux que l'autre. La différence deviendra plus grande entre leurs enfants, et l'on verra peut-être, après quelques générations, les descendants de l'un placés au sommet de l'échelle sociale, et ceux de l'autre en bas. La marche naturelle des choses amène les inégalités de conditions.

L'égalité sociale n'est qu'une fiction qui répute *égaux devant la loi* l'homme et la femme, l'enfant et le vieillard, l'idiot et l'homme de génie. Mais cette fiction ne peut donner l'expérience à l'enfant, la richesse au prodigue, ni l'esprit aux sots.

L'inégalité des conditions est l'œuvre de la nature et de mille circonstances ; l'égalité sociale, au contraire, l'œuvre de la loi : la loi peut et doit y apporter les restrictions qu'exige l'intérêt général.

La noblesse est un fait : dans toute société sont des hommes *distingués ;* ces hommes se sont distingués par leurs vertus, leurs services ou leurs talents.

Le législateur peut, suivant l'exigence des

mœurs, ériger le *fait* en *droit ;* mais il lui est impossible de faire qu'il n'y ait pas des citoyens meilleurs que d'autres. Il peut accorder au citoyen distingué soit un ruban, soit un sabre d'honneur, un parchemin, un grade, une dignité, une prérogative ; s'il ne lui donne aucune récompense, il commet une injustice et nuit au corps social. Le législateur peut donner une distinction personnelle ou héréditaire ; faire monter la noblesse au père, ou la faire descendre sur le fils. Ce qui importe, c'est que rien ne soit fait contre les mœurs, ni contre le vœu du pays.

Plus il y a de sentiments généreux parmi les citoyens, plus se fait sentir le besoin des distinctions. Supprimer les distinctions, en France, par exemple, ce serait méconnaître l'esprit de la nation. Y a-t-il un seul Français qui veuille avoir l'*air commun ?* — Tous sont distingués....... plus ou moins.

Au sortir de la séance du 4 août, Mirabeau, prenant un bain, racontait à un ami les merveilles de la soirée. « Noble enthousiasme ! spec-
» tacle unique dans l'histoire du monde ! Si tu
» avais vu s'élancer à la tribune les Montmorency,
» les Larochefoucauld et moi-même ! tous dépo-
» sant sur l'autel de la patrie ces misérables dis-
» tinctions de la naissance, ces vains hochets de
» l'orgueil ! Il n'y en a plus ! Il n'y a plus de
» princes, plus de marquis ! plus de comtes ! Il n'y
» a plus en France que des citoyens et des égaux ! »

En ce moment, il sent que l'eau n'est plus chaude, et, se tournant vers son valet de chambre :
« Ce bain est glacial, dit-il. — C'est pourtant le
» degré de *Monsieur*, répond avec respect le ser-
» viteur attentif. — *Monsieur !* interrompt Mira-
» beau d'une voix de tonnerre, *Monsieur !* qu'est-
» ce que ces façons-là ? Bourreau ! j'espère bien
» que je suis toujours Monsieur le Comte pour toi ! »

Puisque la Charte conserve les titres de noblesse, puisque ces titres ont encore une certaine valeur d'opinion, il faudrait qu'une loi fixât, suivant les besoins actuels, tout ce qui est relatif à la noblesse ancienne et nouvelle.

Ne plus conférer de titres, c'est augmenter la valeur de ceux qui existent.

Les titres féodaux étaient originairement attachés à certaines fonctions ; ils sont aujourd'hui purement honorifiques. Il faudrait, pour concilier le passé avec le présent, donner le titre aux fonctionnaires d'un certain ordre. Un maréchal de France devrait être prince de plein droit ; un lieutenant général, duc ; ainsi de suite, et nul ne devrait impunément porter un titre qui ne lui appartient pas.

Il est important qu'un article de la loi fondamentale soit exécuté.

Les fonctions publiques sont aujourd'hui la seule vraie noblesse, parce qu'elles donnent *pouvoir* et *considération ;* aussi voyez comme elles sont recherchées ! La croix d'honneur a produit un nom-

bre infini de bonnes et belles actions, a empêché
beaucoup de bassesses.

Multipliez les distinctions et donnez-les à propos, avec justice, avec discernement, il en résul-
tera pour le pays un accroissement de bien-être.

CHAPITRE 2. — *Division des citoyens en trois grandes catégories.*

Il y a dans la société trois sortes de citoyens :
les travailleurs, qui l'alimentent ; les rentiers ou
propriétaires, qui jouissent des fruits d'un travail
antérieur ; et les individus qui vivent aux dépens
d'autrui.

Il faut, autant que possible, augmenter le nombre des premiers, et diminuer celui des derniers.

CHAPITRE 3. — *Subdivision des travailleurs.*

Il y a des travailleurs-propriétaires et des tra-
vailleurs-prolétaires : tous ont besoin de protection, de sécurité.

Le prolétaire est aussi intéressé au maintien de
l'ordre que le citoyen qui possède : car la sus-
pension des travaux, première conséquence du
désordre, pèse sur lui de tout son poids, et les
ouvriers sont toujours les premières victimes des
commotions ; mais celui qui possède comprend
mieux son intérêt.

Chapitre 4. — *Subdivisions des propriétaires.*

Il y a propriétaires *fonciers*, propriétaires *mobiliers*, propriétaires *industriels*, propriétaires de *rentes sur l'état*, propriétaires de *rentes sur particuliers*, propriétaires de *valeurs incorporelles*, comme les offices. Les propriétaires fonciers ont l'intérêt le plus évident au maintien de l'ordre : ils n'aiment pas les tremblements de terre. Les propriétaires de rentes sur l'état n'aiment pas ce qui pourrait déprécier leur avoir. Il importe donc au bien public d'augmenter le plus possible le nombre des propriétaires de toute espèce, et principalement des propriétaires d'immeubles ou de rentes sur l'état.

On évalue à 1,200 millions la valeur des offices : 1,200 millions de moins dans le capital social de la France laisseraient un grand vide ; mais il est à regretter que le législateur ait mis cette valeur dans les mains des officiers publics sans aucun avantage pour le trésor. La détresse de 1816 explique cette faute, mais ne l'excuse pas. Attaquer des droits acquis, ce ne serait pas réparer la faute commise, ce serait en commettre une plus grande.

Chapitre 5. — *Subdivision des individus qui ne sont ni travailleurs ni propriétaires.*

Parmi les citoyens qui ne possèdent rien et qui ne travaillent pas, il en est que le malheur a frappés : secours leur est dû par leur famille, par la commune, par l'état. Mais il en est que le vice ou le crime ont réduits à la misère ; ceux-là méritent peu de pitié. Le but principal de l'association politique est de mettre les bons citoyens à l'abri des mauvais, et l'un des premiers devoirs du législateur est d'employer tous les moyens nécessaires pour atteindre ce but. Quand les récidives sont habituelles, on peut dire que le législateur n'a pas rempli ce devoir. Les *circonstances atténuantes* ont peuplé nos bagnes de récidives et de parricides ; nos villes, de forçats libérés. Le bagne de Brest compte deux tiers de récidives et 13 parricides !... *Caveant consules !...*

CHAPITRE 6. — *Choix des professions.*

Le choix des états doit être libre ; mais l'individu, sa famille, et le corps social lui-même, ont intérêt à ce que ce choix ait une bonne direction. Le choix n'est bon que lorsque l'état choisi est conforme aux goûts, à l'aptitude et à la capacité du jeune citoyen. Le citoyen qui exerce un état contraire à ses goûts, un état qui n'est pas en rapport avec son aptitude, l'exerce mal ; il en souffre, et le public aussi. Le cheval est heureux quand il court ; le marin se complaît sur les flots, et le guerrier dans les combats... Travail qui plaît, fatigue moins, et produit plus.

L'appréciation des goûts du jeune citoyen et de son aptitude appartient à la famille ; l'appréciation de sa capacité doit être réservée à l'état. Nul ne devrait exercer une profession qu'après examen. Cet examen préalable serait une garantie non seulement pour l'individu, mais pour sa famille et pour le pays, et n'aurait rien de contraire à la liberté du travail.

Chapitre 7. — *De l'apprentissage.*

Il importe au corps social que l'enfant et l'adulte ne perdent pas la santé de l'âme ou du corps dans les ateliers où ils apprennent à travailler.

L'apprentissage, aussi bien que le travail des enfants dans les manufactures, doit fixer l'attention du législateur.

Il faut ne permettre d'avoir des apprentis qu'aux maîtres qui présentent garantie de moralité, de capacité, de solvabilité ; cela ne suffit pas, il faut aussi des inspecteurs, et que les apprentis fréquentent les écoles d'adultes, remplissent leurs devoirs religieux, et se reposent pendant les jours consacrés au repos.

TITRE IV.— DU CORPS SOCIAL CONSIDÉRÉ
SOUS LE RAPPORT DES GOUVERNANTS, DES GOUVERNÉS
ET DES OPINIONS POLITIQUES.

CHAPITRE 1ᵉʳ. — *Que signifient ces mots :* Gouvernant, Gouverné.

Le mot *Gouvernant* comprend tous les dépositaires de l'autorité publique, depuis le chef de l'état, jusqu'au garde champêtre.

Chacun des gouvernants représente la nation, dans la limite des pouvoirs qui lui ont été délégués ; et tous les autres citoyens, ses chefs exceptés, sont, par rapport à lui, des gouvernés. Ainsi le *gouvernant* est lui-même *gouverné*, pour tout ce qui sort de ses attributions.

Tout gouvernant doit exécuter et faire exécuter sa consigne ; et cette consigne doit être respectée par tous les gouvernés.

Il importe au pays 1° d'admettre le plus grand nombre possible de citoyens à prendre part à ses affaires : le pouvoir y gagne force et respect ; 2° de n'y admettre que les citoyens capables et dignes ; 3° que ses gouvernants soient toujours respectés ; 4° qu'ils soient respectables.

Gouvernants et gouvernés ont intérêt à ce que la chose publique soit bien conduite.

CHAPITRE 2. — *A qui conviennent les fonctions publiques.*

Les fonctions publiques doivent être un moyen d'accroître non sa fortune, mais sa considération. L'intérêt général veut qu'elles soient confiées aux citoyens que leur position sociale rend aptes à les bien remplir. Un négociant, qui par son intelligence et son travail, s'est procuré l'estime publique et la fortune ; un ancien avocat, un ancien notaire, sont des candidats-nés pour les fonctions publiques. Celui qui a su bien conduire sa barque saura conduire aussi la barque de ses concitoyens.

CHAPITRE 3. — *Des opinions politiques.*

L'opinion est en général le reflet des intérêts. Cela doit être : un département qui aurait des opinions contraires à ses intérêts serait peu sage.

Mais il y a intérêt bien entendu, intérêt égoïste ; le bien du pays détermine toujours l'opinion du bon citoyen, parce que le bon citoyen a toujours intérêt au bonheur du pays ; qu'il ne sacrifie jamais ses opinions à ses intérêts privés, ni sa conscience à ses opinions.

Plus il y a eu de changements dans les institutions, plus il y a de divergence dans les opinions. Chaque gouvernement a laissé des regrets, des espérances. En France, par exemple, on trouve encore des partisans de l'ancien régime dans toute sa pureté ; d'autres préfèrent la constitution de 91 ; d'autres, le consulat; d'autres, l'empire ; d'autres, enfin, la restauration... Laissez chacun rêver à sa manière le bonheur du pays; ayez soin de les protéger tous les uns contre les autres, et l'ordre public contre tous : le temps guérira tout, conciliera tout.

Le meilleur gouvernement a ses ennemis, comme le plus mauvais a ses partisans.

Les partisans du pouvoir existant sont plus froids que ses adversaires, parce que le bien qu'on regrette ou qu'on attend paraît toujours plus désirable que celui dont on jouit.

Le temps est le meilleur ami des bons gouvernements, le plus terrible adversaire des mauvais. Le jacobisme s'est éteint; le carlisme s'éteindra. L'opinion se modifie avec l'âge, avec les circonstances. Dans ses vieux jours, l'homme ne pense plus comme il pensait dans sa jeunesse. Au sommet de la montagne, on voit autre chose et autrement que dans la vallée. A quoi serviraient l'âge, l'expérience, l'instruction, si les opinions étaient immuables ? que signifierait le mot *progrès?*

Le temps est le père de toute légitimité; la prescription, la matrone du genre humain.

TIT. V. — DU CORPS SOCIAL CONSIDÉRÉ SOUS LE RAPPORT DES BONS ET DES MAUVAIS CITOYENS.

CHAPITRE 1ᵉʳ. — *Des bons et des mauvais.*

Le crime est engendré par le vice. Le vice a deux sources : l'ignorance et l'oisiveté ; l'une et l'autre dérivent d'une éducation mauvaise. L'ignorance est une des principales causes de l'oisiveté ; l'oisiveté, l'une des principales causes de l'ignorance.

Si tous les membres de la cité savaient ce qu'il importe au corps social qu'ils n'ignorent pas, et s'ils faisaient tout ce qu'ils auraient pu faire d'utile au pays, que de travaux de plus ! que de misères de moins !

Il y eut toujours, parmi les hommes, des bons et des mauvais. Quand le nombre des mauvais augmente, le bonheur social diminue. Pour augmenter le nombre des bons, il faut 1° un bon système d'éducation ; 2° un bon système de récompense ; et pour diminuer le nombre des mauvais, 3° un bon régime pénitentiaire ; 4° un bon Code pénal.

La sévérité des peines doit se proportionner à l'impureté des mœurs. On enchaîne le tigre ; l'agneau broute en liberté.

CHAPITRE 2. — *Le bon citoyen.*

Pour être bon citoyen, il faut, avant tout, être honnête homme, c'est-à-dire ne manquer à aucun de ses devoirs. Le bon citoyen s'applique donc à bien connaître tous ses devoirs, pour les remplir toujours exactement. Laborieux, économe, prudent, il se conduit, en toute chose, de manière à conserver le contentement de soi-même et l'estime de ses semblables.

Il ne sacrifie jamais la réalité aux apparences, ni les choses aux mots, ni le devoir à l'intérêt, et tient plus à bien faire qu'à paraître faire bien.

Il respecte la vieillesse et le malheur, honore la vertu, le talent et le mérite.

Electeur, juré, fonctionnaire, législateur, il prend toujours pour guide l'intérêt général, exécute les lois comme il tient sa parole, combat partout le mal, cherche partout le bien, mais avec modération, et ne craint qu'une chose : de se tromper, d'avoir tort. Il est toujours prêt à changer d'avis quand on lui prouve qu'il est dans l'erreur.

Toujours libre, toujours indépendant, toujours patriote, il fait tout pour mériter les honneurs, il ne fait rien pour les obtenir.

TIT. VI. — DU CORPS SOCIAL CONSIDÉRÉ SOUS LE RAPPORT DES PRODUCTEURS ET DES CONSOMMATEURS.

Chapitre 1ᵉʳ. — *Des producteurs.*

Plus il y a de producteurs, plus il y a de produits et d'abondance. Les machines sont pour les bras un utile auxiliaire; elles multiplient à l'infini les forces de l'homme.

Le corps social a toujours intérêt à augmenter le nombre des producteurs, à perfectionner les moyens de produire. Mais il doit veiller à ce que les forces productives soient dirigées de manière à éviter les encombrements. Tout produit sans emploi devient une perte et un embarras pour le pays.

La diplomatie doit ouvrir les débouchés et faire connaître les besoins et les ressources de l'étranger.

Il y a production directe et production indirecte. Le médecin qui guérit un laboureur concourt à la production du pain; le juge qui maintient un vigneron en possession de sa vigne concourt à la production du vin.

CHAPITRE 2. — *Des consommateurs.*

Nous sommes tous consommateurs, et nous ne pouvons consommer que des produits; mais ces produits peuvent être indigènes ou exotiques.

Nous devons préférer les premiers, 1° parce qu'ils sont plus sûrs, 2° parce qu'en les consommant nous favorisons nos producteurs. Charité bien entendue commence par soi-même.

CHAPITRE 3. — *Moyen de concilier leurs intérêts.*

L'industriel veut produire le plus et au meilleur marché possible ; le commerçant veut vendre le plus et le mieux qu'il peut ; le consommateur, au contraire, veut avoir les meilleurs produits au plus bas prix : qui conciliera ces trois intérêts ? la concurrence.

3e Partie.

DE LA NATION DANS SES RAPPORTS AVEC LES AUTRES NATIONS.

TITRE I. — LIAISON DES NATIONS ENTRE ELLES.

CHAPITRE 1er. — *Tous les peuples sont frères.*

Le genre humain est un arbre dont les nations forment les branches. Quand le tronc souffre, les branches souffrent. L'intérêt véritable d'un peuple est toujours que le sort de l'humanité s'améliore, comme l'intérêt d'un homme est d'améliorer le sort de la famille dont il est membre.

« L'isolement peut convenir à l'enfance des na-
» tions; il est impossible de l'ériger en système à
» une époque, dans un pays, où chacun, pour son
» vêtement le plus simple, pour son repas le plus
» sobre, met à contribution les quatre parties du
» monde… » (M. Lacave-Laplagne.)

L'économie sociale dit aux nations ce que la philosophie dit aux hommes : *Neminem fieri in-felicitate alterius felicem; interesse hominis homi-nem beneficio affici.*

La diversité des races, des climats, des mœurs, des produits et des besoins, rend chaque peuple utile au bonheur des autres; et l'histoire nous apprend que la grandeur et la prospérité d'un état ne sont durables que lorsqu'elles sont en harmonie avec les intérêts généraux de l'humanité. Malheur au peuple qui donne aux autres le droit de dire : *Delenda est Carthago !*

Les découvertes utiles profitent à toutes les nations ; et le génie, prophète de la vérité, brille pour tous les hommes.

Plus augmente le bonheur de l'humanité, plus chaque nation peut accroître la somme de son propre bonheur.

Quand tous les peuples seront assez civilisés pour comprendre qu'il ne peut y avoir de bonheur hors des voies de l'équité, chacun respectera le repos et l'indépendance de ses voisins, — pour avoir droit de faire respecter son indépendance et son repos ;—ils n'épuiseront plus leurs richesses et leurs forces à se faire du mal ; — et tous alors, travaillant sans crainte à leur bien-être, concourront à l'accroissement du bien général de l'humanité. La France est assez riche en gloire pour entrer la première dans le jardin fertile des Oliviers.

CHAPITRE 2. — *Liens internationaux.*

Les nations sont liées par le besoin et l'intérêt. Celle qui produit a besoin de celle qui consomme, et réciproquement. L'intérêt de chacun est d'être bien avec ses voisins.

Le commerce, les voyages, les sciences et les
arts, sont des agents diplomatiques, des agents
de civilisation.

L'intérêt et le besoin ont créé le droit des gens
et les traités.

CHAPITRE 3. — *Droit international.*

Les droits et devoirs de peuple à peuple sont
réglés par le droit des gens et par les traités. Ce
qui n'est pas écrit dans les traités est régi par le
droit des gens, droit commun des nations.

Les principes du droit des gens sont ceux de la
morale : se respecter, s'aider et s'éclairer mutuellement : *Neminem lædere, suum cuique tribuere;*
exécuter loyalement les traités conclus, etc. Mais
tant que le droit des gens ne sera pas *écrit*, tant
qu'il n'aura d'autre sanction que la force, tant
qu'il dépendra de chacun de l'interpréter à sa
guise, les nations faibles seront sacrifiées, et le
droit des gens ne sera que le droit du plus fort
habilement appliqué.

L'obligation d'exécuter loyalement les traités
est un des premiers principes du droit des gens.
La nation qui les viole est coupable. Son injustice
lui ôte la confiance et l'estime des autres nations,
lui suscite des ennemis, et donne aux citoyens un
exemple de mauvaise foi nuisible au bien public.
Ainsi l'intérêt bien entendu des nations est de
rester fidèles aux traités.

Mais un peuple est-il obligé d'exécuter un traité
que la violence lui a arraché? — Oui; sans cela
jamais le vainqueur ne signerait la *paix*. La nation qui viole un *traité de paix* ne peut plus espérer *merci* dans le cas d'une défaite nouvelle.
Ainsi le devoir et l'intérêt de la France exigent
qu'elle respecte les traités de 1815, jusqu'à ce
qu'on lui donne juste sujet de les déchirer. Déjà
la Belgique a brisé l'un des anneaux de la chaîne
forgée par la sainte alliance; le temps et les intérêts des peuples finiront par briser les autres,
sans que la France ait besoin de manquer à ses
promesses.

Quand s'élèvent des difficultés sur les traités ou
le droit des gens, quel est le juge?—C'est encore
le canon, *ultima regum ratio.* « Les traités, disait
» Grotius, se dénouent d'un commun accord, ou
» se tranchent par l'épée. » Le droit du plus fort
est encore aujourd'hui, comme au temps de Grotius, *la cour de cassation* des procès internationaux. Cependant le protocole est un achemine-
ment vers un état de choses plus rationnel :
avant de se battre on essaie de s'entendre. Puisque la philosophie est entrée dans les lois, pourquoi n'entrerait-elle pas aussi dans les congrès?

Plus avance la civilisation, plus le droit des
gens se rapproche de l'équité. Dans une ville prise, les propriétés privées sont respectées. Que
n'en est-il de même sur mer! C'est pendant la paix
qu'il faut ajouter au droit des gens une garantie

que Franklin appelait de tous ses vœux, et que réclament le commerce, la justice et l'humanité.

TIT. II. — DES ALLIANCES.

Chapitre 1er. — *Comment les nations traitent les unes avec les autres.*

Un diplomate étranger disait à l'un des généraux de la république : « Mon souverain proposerait la » paix s'il savait à qui s'adresser en France.......» — « Rien n'est plus facile, répondit le général; » nous avons 100,000 négociateurs à l'armée du » Rhin, et 100,000 à l'armée du Nord, sans comp- » ter les autres armées. » La réponse était belle, mais ne hâtait point la pacification.

Il faut au corps social un organe pour traiter avec l'étranger; il faut à cet organe un représen- tant auprès de chaque nation.

Choisissez pour ambassadeur l'homme qui doit plaire le plus au chef étranger; qu'il soit prudent, car une fausse démarche du représentant com- promet le pays; qu'il soit au courant des affaires, ou son noviciat pourra vous coûter cher.

Les conditions d'une bonne diplomatie sont 1° loyauté, 2° secret, 3° habileté, 4° esprit de suite.

La déloyauté retombe toujours en définitive sur ceux qui l'emploient.

Le peuple qui fait sa diplomatie à la tribune donne un grand avantage à ceux qui savent son secret et le leur.

L'habileté se concilie avec la loyauté, quand elle n'emploie que des moyens honnêtes.

L'esprit de suite peut seul amener de grands et solides résultats. Si vous changez de plan tous les six mois, vous n'avancerez jamais.

Une bonne diplomatie vaut des armées ; un bon ambassadeur obtient ce qu'une guerre n'eût pas obtenu. Si votre diplomatie est mauvaise, vos intérêts en souffrent.

Chapitre 2. — *Des alliances.*

L'intérêt fait les alliances, l'intérêt les brise. Une alliance n'est durable que lorsqu'elle est cimentée par l'intérêt de tous ceux qui l'ont contractée. — Voulez-vous qu'un peuple soit votre allié ? — faites en sorte qu'il ait besoin de vous.

Les besoins et les intérêts changent..., les alliances ne peuvent être éternelles ; mais un corps social a toujours intérêt à être bien avec ses voisins.

Il y a deux choses qui procurent des alliés et les conservent : justice et fermeté.

La politique d'un peuple ne peut plus être la même quand ses intérêts sont changés. Ses intérêts peuvent être changés soit par des modifications survenues en lui-même, soit par des modifications survenues autour de lui.—Un diplomate habile dispose les choses de manière à pouvoir changer d'alliés quand l'exige l'intérêt de l'état.

C'est une grande faute que de régler ses alliances suivant les principes de gouvernement, ou d'après les alliances des princes.....: l'intérêt national est la seule base solide. Mais ce serait une faute non moins grande que de négliger le secours des alliances de famille. L'homme d'état profite de tout ce qui peut servir au pays.

***

TITRE III. — DE L'ÉQUILIBRE EUROPÉEN.

CHAPITRE UNIQUE.

L'Europe est aujourd'hui le centre de la civilisation : la grande famille européenne se divise en plusieurs branches, mais toutes ces branches ont intérêt à l'accroissement du bien-être général ; toutes ont intérêt à ce que les autres parties du monde accèdent à la civilisation européenne ; toutes y ont intérêt matériel, intérêt moral ; toutes profiteront de l'accession de l'Afrique, due aux Français, de l'accession de la Chine, due aux Anglais. La fusion des intérêts européens, hâtée de jour en jour par les nouvelles voies de communication, finira par unir intimement les peuples, et sera pour tous un excellent préservatif contre les fléaux de création humaine. L'intérêt mal entendu fait éclater les divisions dans les familles; l'intérêt bien entendu apaise les divisions et maintient l'harmonie.

Dans le traité d'Aix-la-Chapelle, « les puissan-
» ces déclarent qu'elles sont fermement décidées
» à ne s'écarter ni dans leurs relations mutuelles,
» ni dans celles qui les lient aux autres états, du
» principe d'union intime qui a présidé jusqu'ici
» à leurs rapports et intérêts communs, union
» devenue plus forte et plus indissoluble par les
» liens de fraternité chrétienne que les souve-
» rains ont formée entre eux; union qui ne peut
» avoir pour objet que le maintien de la paix gé-
» nérale, fondée sur l'esprit religieux, sur le res-
» pect pour les engagements consignés dans les
» traités, et pour la totalité des droits qui en déri-
» vent. »

Pour maintenir la paix, elles s'engagent à maintenir l'équilibre européen ; et, pour conserver cet équilibre, à conserver l'indépendance et l'intégrité des nations composant la grande famille européenne.

Chacune de ces nations est un des éléments de cet équilibre. Mais l'Asie, mais l'Afrique, mais l'Amérique et l'Océanie, ayant ajouté, dans des proportions inégales, au poids de quelques unes des puissances, l'équilibre de 1815 n'existe plus, et la paix aurait cessé de répandre ses bienfaits sur l'Europe si les intérêts privés des citoyens, si les dettes publiques de chaque état, si l'énormité des budgets n'avait servi de contre-poids.

Plusieurs démembrements subis par l'empire ottoman, la séparation violente de la Belgique du royaume des Pays-Bas, l'accroissement inégal des populations, des richesses et des forces de chaque état, la révolution de 1830, et plusieurs autres faits graves, ont altéré l'équilibre *factice* de 1815; mais les peuples sont plus éclairés sur leurs véritables intérêts: ils commencent à comprendre que les bienfaits de la paix sont préférables aux plus beaux lauriers; et les lumières, et l'intérêt général de l'Europe, et l'intérêt des nations qui la composent, viennent, quand il le faut, au secours de l'équilibre européen. Une guerre générale, comme celles de la république et de l'empire, ferait tant de ravages parmi les nations, qu'un fou seul oserait en prendre l'initiative; et ce fou risquerait de marcher sans alliés!

Deux nations semblent menacer l'indépendance de l'Europe : l'une sur terre, l'autre sur mer. L'intérêt des nations menacées est de se tenir unies et prêtes à se protéger mutuellement contre l'ennemi commun.

Les deux nations menaçantes ne s'entendront jamais assez long-temps pour que le danger soit grand : l'une viendra secourir les autres contre celle qui voudrait abuser de sa force; et comme toutes ont intérêt à conserver leur indépendance, à défendre l'indépendance des autres, une sainte ligue serait bientôt formée contre celle des deux puissances qui voudrait asservir quelque portion de l'Europe, et le résultat de la lutte serait d'ôter à la puissance menaçante les moyens de menacer encore.

Aujourd'hui le rôle de la France est de marcher à la tête des nations menacées. Elle dit à l'Europe : « Je respecte les traités que vous m'avez im-» posés; mais, si vous me forcez à prendre les ar-» mes, je ne les déposerai qu'après avoir regagné » mes limites et mes colonies. »

La France, par sa position, par ses antécédents, est la nation qui gagnerait le plus à un remaniment de l'Europe; mais elle perdrait en bien-être plus qu'elle ne gagnerait en territoire. Les autres nations perdraient en territoire et en bien-être.

TIT. IV. — DU PRINCIPE DE NON-INTERVENTION.

CHAPITRE UNIQUE.

Le Corps social est maître chez lui, mais il n'a droit d'imposer aux autres ni ses lois, ni son gouvernement, ni ses principes, ni ses produits.

L'Angleterre a violé ce principe envers le Portugal par le droit de visite, envers la Chine pour l'opium, envers Naples pour le soufre; mais elle ne permettrait à aucune puissance de le violer envers elle-même.

L'intervention n'est permise qu'en faveur d'un peuple opprimé ou menacé qui demande secours, ou en faveur de celui que ronge une anarchie dangereuse pour ses voisins. Dans ces cas, non seulement elle est permise, mais encore elle est due, et le peuple qui ne l'exerce pas manque à un devoir sacré envers lui-même, envers le peuple qui a besoin de secours, envers les autres nations civilisées, envers l'humanité. L'égoïsme est aussi mauvais entre nations qu'entre particuliers, et les principes de charité, d'humanité, sont obligatoires pour les sociétés comme pour les citoyens.

TIT. V. — DES DOUANES.

CHAPITRE UNIQUE.

La loi sur les douanes est la charte de l'agriculture, du commerce, de l'industrie, du travail et de la propriété; sa base doit toujours être l'intérêt général.

Le tarif doit protéger les producteurs, mais sans nuire aux consommateurs; il atteint ce but quand il permet aux produits indigènes, non d'exclure les produits étrangers, mais de soutenir la concurrence.

Pour régler ce tarif, il faut 1° connaître les besoins et les ressources du pays comparés avec les forces productives des pays concurrents ; 2° modifier le tarif à mesure que les rapports changent. Le tarif est un robinet que l'on doit ouvrir plus ou moins, et même fermer, suivant les besoins du pays.

L'intérêt général doit tenir ce robinet ; mais l'intérêt général ne veut jamais être injuste envers les régnicoles ni envers l'étranger ; l'intérêt du pays n'est jamais de provoquer une guerre de douanes.

Une haute commission permanente devrait avoir toujours les yeux fixés sur les importations et les exportations, afin de tenir les tarifs en harmonie avec les intérêts nationaux.

Transition.

Pour bien connaître un peuple, ses besoins et ses ressources, il est indispensable d'étudier plusieurs phénomènes sociaux qui se manifestent chez tous les peuples, mais avec des combinaisons variées : la population, le travail, la propriété, le territoire, la richesse, la force, la religion, la morale, les mœurs et l'éducation. Le livre suivant traitera spécialement de ces matières. Le grand phénomène des révolutions sera l'objet d'un autre livre.

———

LIVRE SECOND.
PHÉNOMÈNES SOCIAUX.

1ʳᵉ Partie.

DE LA POPULATION, DU TRAVAIL ET DE LA PROPRIÉTÉ.

Croissez, multipliez....
(GENÈSE.)

TIT. Iᵉʳ. — DE LA POPULATION.

CHAPITRE 1ᵉʳ. — *Sous quels rapports il faut étudier la population.*

Il faut étudier avec le plus grand soin la population, parce qu'elle est le principal élément de
la force et de la richesse nationales, et qu'elle
constitue le corps social lui-même. Il faut l'étudier 1° sous le rapport de la longévité : quand le
bien-être augmente, la durée moyenne de la vie
augmente ; elle s'est accrue de 9 ans, en France,
depuis François Iᵉʳ ; de 7 ans, depuis 1780 ; 2° sous
le rapport du travail et des richesses : plus il y a
de travail, plus augmentent les produits, la ri-

chesse et la sécurité ; 3° sous le rapport de la force et de la santé : plus il y en a , mieux est garantie l'indépendance nationale ; 4° sous le rapport des mœurs : plus elles sont pures , moins il y a de crimes et de misère ; 5° sous le rapport des lumières : plus il y a de citoyens connaissant leurs devoirs et l'utilité de la vertu, plus il y a de vertu et de bonheur.

Il faut étudier aussi la population sous le rapport des professions , des croyances religieuses , des opinions politiques, des crimes, des procès ; connaître le nombre des mariages, des célibataires, des enfants nés hors mariage ; le nombre des prévenus, des condamnés , des récidives ; le nombre des condamnés qui expient leurs crimes ; le nombre de ceux qui sont rentrés dans la société après expiation.

La population des côtes et des frontières doit être étudiée à part ; elle est le boulevart né de l'indépendance nationale.

La manière dont la population est répartie sur le territoire doit être connue ; l'intérêt général veut que la population soit nivelée autant que possible , afin qu'il n'y ait pas absence d'un côté, surabondance de l'autre.

Il faut donc suivre attentivement le mouvement de la population ; voir où elle croît, où elle décroît, où elle est stationnaire , et chercher la cause des différences qui se manifestent. La statistique des *choses* explique beaucoup de problèmes de population, la statistique des *personnes* beaucoup de problèmes de *choses :* l'une éclaire l'autre.

Il importe aussi d'étudier le mouvement de la population des autres états et le mouvement général de la population du globe. Le corps social est au genre humain ce que chacune des familles dont il se compose est à lui-même.

CHAPITRE 2. — *Population du Globe.*

La nature est prévoyante : l'eau ne manqua jamais aux poissons ni l'air aux oiseaux ; la terre ne manquera jamais à l'homme, pourvu qu'il l'arrose de sueur.

Sur beaucoup de points, c'est l'homme qui manque à la terre. La population du globe ne s'élève pas à 800 millions, et si toutes les contrées habitables étaient peuplées seulement comme la France, elle excéderait 8 milliards.

La population de la France est doublée depuis 100 ans, son territoire est le même ; cependant le Français est mieux logé, mieux nourri, mieux vêtu que jamais, et vit plus long-temps, — parce qu'il vit mieux. Que serait-ce donc si la France eût employé en améliorations intérieures le sang et les forces qu'elle a perdus en guerres civiles et en batailles !

CHAPITRE 3. — *De l'accroissement de population.*

L'accroissement de population est un accroissement de richesse pour le corps social bien gouverné, un accroissement de misère pour celui qui
est mal gouverné. Dans l'un, il augmente le nombre des travailleurs et des bons citoyens ; dans
l'autre, celui des mauvais sujets. Un bon laboureur
n'a jamais assez d'enfants, un mauvais en a toujours trop. Sachons utiliser les nouveaux bras qui
nous arrivent, nous trouverons en eux d'excellents auxiliaires.

CHAPITRE 4. — *Du décroissement de population.*

Le décroissement de population annonce un
malaise social. La mortalité fait des ravages af-
freux dans les années de disette ; le nombre des
mariages et celui des naissances diminuent sensi-
blement. « Le symptôme le plus décisif de la misère
» humaine, a dit O'Connell, repose dans le fait de
» la décroissance de la population…. La popula-
» tion de l'Irlande a diminué, depuis 10 ans, de
» plus de 700,000 âmes…. La misère du peuple,
» dans un territoire fertile, doit être le crime du
» gouvernement…. (Adresse aux habitants des
pays soumis à la couronne d'Angleterre.)

TIT. II. — DU TRAVAIL.

Tu mangeras ton pain à la sueur de ton visage.
(Genèse.)

Chapitre 1er. — *Importance du travail.*

La nature et le travail nourrissent les hommes. Le travail préserve du besoin, de l'ennui, du vice. Plus avance la civilisation, plus le travail est profitable et honoré. C'est le travail qui fait le charme du repos; malheur à qui le méprise! « Le travail » annuel d'une nation est la source d'où elle tire » toutes les choses qu'elle consomme, et qui con- » sistent toujours dans le produit immédiat de ce » travail, ou dans ce qu'elle achète des autres » nations avec ce produit. » (Adam Smith.)

Le travail est en raison des besoins : la chasse et la pêche suffisent au sauvage; l'agriculture et les troupeaux commencent la civilisation, qui, bientôt après, amène successivement le commerce, l'industrie, les arts et les sciences. Ainsi le travail est comme un arbre dont l'agriculture est le tronc; le commerce, l'industrie, les arts et les sciences, s'élèvent comme des branches, d'où partent des rameaux dont le nombre augmente avec les besoins de la civilisation. L'abondance et le bien-être sont les fruits de l'arbre de vie.

Chapitre 2. — *De l'agriculture.*

 On cultive plus de terres qu'autrefois, et on les cultive mieux ; voilà pourquoi nous sommes mieux nourris et mieux vêtus, quoique deux fois plus nombreux. Cependant l'agriculture n'a pas fait, en France, autant de progrès qu'en Allemagne, qu'en Angleterre, qu'en Belgique ; nous avons encore un treizième du sol inculte, et les douze autres ne sont pas tous bien cultivés. Mais l'agriculture commence à n'être plus abandonnée aux paysans, et les paysans ne sont plus voués exclusivement à l'ignorance et à la routine. Les produits agricoles de la France ont doublé depuis cent ans ; ils doubleront encore, lorsque l'agriculture sera plus généralement surveillée, lorsque partout les arts et les sciences viendront à son secours.

C'est dans l'élève des troupeaux, du bétail et des chevaux, que la France est en arrière, et c'est là cependant une des choses les plus importantes pour elle. C'est de ce côté qu'il faut diriger les efforts et les encouragements. La force et la richesse nationales y sont intéressées autant que la santé publique.

Il ne suffit pas à un peuple de n'avoir plus à redouter la famine, il faut qu'il soit assuré d'avoir toujours des chevaux et de la viande ; et tant qu'il existera des communes dans lesquelles le pain est un luxe, on aura besoin de venir au secours de l'agriculture.

CHAPITRE 3. — *De l'industrie.*

Les plus merveilleuses conceptions des poëtes orientaux pâlissent devant la baguette magique de l'industrie; plus elle produit, plus elle devient féconde: c'est la corne d'abondance.

La nature entière est tributaire de l'industrie; la nature, les arts et les sciences, travaillent sans cesse pour elle, parce qu'elle travaille sans cesse à l'amélioration du sort des hommes.

CHAPITRE 4. — *Du commerce.*

Le commerce extérieur apporte à chaque pays ce qui lui manque, en échange de ce qu'il a de trop, et le commerce intérieur distribue partout ce que réclament les besoins de chaque localité. Le commerce ne demande, pour répandre les trésors de l'agriculture, de l'industrie, des arts et des sciences, que deux choses : « Liberté, sécurité. » Mais ces deux choses exigent de bons règlements, bien exécutés.

CHAPITRE 5.—*Des arts, des sciences, des beaux-arts et des lettres.*

L'*art* seconde la nature, en dirige l'action, en applique les trésors aux besoins de l'homme. La *science* éclaire les arts, le commerce, l'industrie, l'agriculture, les lois, le gouvernement, et fait connaître aux hommes ce qu'ils doivent faire pour vivre le plus long-temps et le plus heureusement qu'il est possible. Les arts et les sciences marchent à la tête de la civilisation.

Les beaux-arts sont comme les fleurs de la civilisation; ils excitent l'amour du vrai, du beau, du bon. « L'art est le résultat de la recherche du » beau; la science, celui de la recherche du vrai. » Il faut répandre dans un peuple la culture de la » vérité et l'amour de la beauté, pour que l'art et » la science y puissent être généralement com- » pris. (Bulwer, l'Angleterre et les Anglais.)

Les beaux-arts ne sont pas seulement une source de plaisir, une source de richesse; ils rapprochent les hommes et adoucissent les mœurs.

Les lettres sont aussi une source de plaisirs et de richesses; elles agissent puissamment sur les mœurs, et il est de la plus haute importance qu'elles ne prennent pas une mauvaise direction : *Optimi corruptio pessima.* Qu'elles soient parfaitement libres de faire tout ce qui ne peut nuire, elles fleuriront au profit du bien public.

Si la chaire, la tribune, le professerat, la presse et le théâtre, dirigeaient tous leurs efforts vers l'amélioration morale des citoyens, le progrès social serait plus sûr et plus prompt.

CHAPITRE 6. — *De l'organisation du travail.*

Le corps social, du point de vue de l'économie politique, est un vaste atelier dans lequel chacun devrait produire suivant sa capacité, et recevoir une rétribution proportionnée à ce qu'il produit ; un atelier dans lequel tout citoyen valide et laborieux devrait trouver du travail ; dans lequel enfin tout homme honnête et non valide devrait être sûr de ne pas mourir de faim. Des règles équitables et des chefs éclairés devraient présider au bon ordre partout, à la liberté et à la sécurité de tous.

L'organisation du travail agit sur les produits sociaux et sur le bien-être général; il importe donc au législateur d'y veiller avec soin. Ici, comme sur beaucoup d'autres points, le problème à résoudre est de concilier la liberté des citoyens avec tous les autres besoins sociaux, et de protéger tous les intérêts généraux sans blesser les intérêts privés.

La suppression des maîtrises, des jurandes et des douanes intérieures, les expositions des produits de l'industrie, l'institution des prud'hommes, les encouragements à l'agriculture, au commerce, à l'industrie, à la pêche, aux arts et aux sciences, et beaucoup d'autres mesures, ont fait faire au travail d'immenses progrès depuis 1789 ; mais il reste encore beaucoup à faire : une concurrence

effrénée, les campagnes privées de bras, l'agglo-
mération, dans quelques localités, d'une multitude
d'ouvriers occupés des mêmes travaux, et que
l'introduction de nouveaux procédés peut tout à
coup priver d'ouvrage ; l'invasion du paupérisme,
les cris de détresse des vignobles et des colonies,
le crétinisme de certaines classes ouvrières, et
plusieurs autres phénomènes aussi importants,
demandent au législateur des remèdes prompts,
efficaces : l'apprentissage attend des règles qui
rassurent la famille et la société sur le sort des
apprentis.

Le législateur peut agir sur l'organisation du
travail par les récompenses et les encouragements, par la surveillance, et de mille autres
manières.

Chapitre 7. — *Encouragements au travail.*

Lorsqu'il importe au corps social d'obtenir certains produits, le législateur peut les obtenir
moyennant les primes ou les autres encouragements nécessaires ; mais, aussitôt que les produits
sont suffisants, les primes doivent cesser.

Le législateur peut aussi donner au travail de
toute espèce des encouragements, soit en récom-
pensant les travailleurs les plus habiles ou les plus
utiles, soit en excluant l'oisiveté de certains
honneurs, ou lui imposant certaines charges.

Tout citoyen valide peut trouver emploi dans

l'immense atelier national. Celui qui n'est bon à rien gêne les autres. S'il était soumis à une *patente de fainéant*, il aimerait peut-être mieux le travail que la honte et l'ennui.

Chapitre 8. — *Des salaires.*

Quand il y a plus d'ouvrage que d'ouvriers, le salaire hausse ; dans le cas contraire, il baisse.

L'état ne peut agir qu'indirectement sur les salaires, en ajoutant ou retranchant aux travaux publics, en augmentant ou diminuant le nombre des ouvriers employés à ces travaux.

Toute autre intervention attenterait à la liberté des citoyens. Le capitaliste est maître de son argent ; l'ouvrier, de ses bras.

Tout produit se divise entre le capitaliste et le travailleur. Plus avance la civilisation, plus augmente la part du travail ; plus, par conséquent, l'intérêt du capital diminue.

Plus diminue l'intérêt du capital, plus il y a de capitalistes obligés de travailler pour compléter ce qui leur est nécessaire ; et, plus il y a de travailleurs, plus il y a de bien-être social.

Chapitre 9. — *Embrigadement des ouvriers.*

Si les ouvriers employés aux travaux publics étaient organisés en compagnies, en bataillons, en régiments et en brigades, ils travailleraient mieux et deviendraient d'utiles auxiliaires de la force publique : leur grand nombre, au lieu d'être dangereux, serait une garantie de plus pour la sécurité générale.

CHAPITRE 10. — *De la concurrence et du monopole.*

La concurrence fait du bien quand elle est soumise à de bonnes règles ; du mal, quand elle peut se permettre tout impunément. Il est difficile, mais non impossible, d'établir ces règles, et c'est un des points les plus importants de l'organisation du travail.

Dans une ville où douze pharmaciens peuvent suffire, il ne faudrait pas en tolérer un plus grand nombre, parce que douze bons pharmaciens valent mieux que vingt mauvais.

Mais qui fixera le nombre nécessaire? Le pouvoir central, médiateur naturel entre les intérêts opposés

Si un négociant est assez riche pour acheter à vil prix les marchandises de tout négociant ou fabricant gêné, et s'il met en vente ces marchandises au dessous du cours, il nuit au commerce, il abuse du droit du plus fort. — Une bonne loi sur les coalitions de maîtres si d'ouvriers, et sur les grands établissements qui peuvent, quoique seuls, produire les effets d'une coalition, donnerait au commerce et au public protection et sécurité.

Il faut empêcher le mal autant que possible, et mettre les petits et les faibles à l'abri des entreprises des forts et des riches, — mais toujours en respectant la liberté du travail et le droit de propriété.

TITRE III. — DE LA PROPRIÉTÉ.

La propriété est un des premiers besoins de l'homme, un des premiers liens sociaux, une des colonnes de l'édifice social.

L'homme a deux penchants bien prononcés : le penchant à acquérir, le penchant à conserver ; d'où naît le sentiment que nous appelons *amour de la propriété*.

Il a des facultés intellectuelles et morales qui veulent être exercées, développées : s'il était obligé de pourvoir chaque jour aux besoins de chaque jour, quel temps aurait-il pour le développement intellectuel ? La nature le doua d'une prévoyance qui réserve pour les besoins futurs ce qu'épargnent les besoins présents ; il doit parcourir une longue carrière ; il lui faut du repos ; il traverse les maladies, la vieillesse...... L'homme ne peut bien vivre sans la propriété.

La propriété, fruit du travail, est une des bases fondamentales des sociétés humaines. Le travailleur qui attaque le droit de propriété est un enfant qui mord le sein de sa mère.

« Si nous découvrons le berceau des nations, nous demeurons convaincus qu'il y a des propriétaires depuis qu'il y a des hommes. Le sauvage n'est-il pas maître des fruits qu'il a cueillis pour sa nourriture, de la fourrure ou du feuillage dont il se couvre pour se prémunir contre les injures de l'air, de l'arme qu'il porte pour sa défense, et de l'espace dans lequel il construit sa modeste chaumière ?.... Le principe du droit est en nous, dans la constitution même de notre être, et dans nos différentes relations avec les objets qui nous environnent.

» Méfions-nous des systèmes dans lesquels on ne semble faire de la terre la propriété commune de tous que pour se ménager le prétexte de ne respecter les droits de personne. » (PORTALIS, *Exp. des motifs du Code civil.*)

2ᵉ Partie.

DU TERRITOIRE.

> La terre est commune, comme l'est un théâtre
> public qui attend que chacun vienne y prendre sa
> place particulière.   (PORTALIS.)

TITRE Iᵉʳ. — DU TERRITOIRE SOCIAL.

CHAPITRE 1ᵉʳ. — *La terre est le patrimoine de l'humanité.*

La terre est le patrimoine des nations ; chacune a son lot, et les mieux partagées ne sont pas toujours les plus heureuses , parce que le territoire a besoin d'être fécondé par le travail. L'Espagnol est pauvre dans le jardin des Hespérides ; le Hollandais est riche sur ses dunes : tant vaut l'homme, tant vaut la terre.

CHAPITRE 2. — *La mer est indivise entre les nations.*

La mer n'est point susceptible de partage ; elle appartient à toutes les nations : c'est le grand chemin de la civilisation.

Tous les peuples ont intérêt à ce que la mer reste libre, à ce que chacun puisse, en pleine sécurité , jouir du précieux moyen de communication qu'elle offre aux hommes , et puiser dans son trésor inépuisable. La liberté des mers est un des premiers besoins de l'humanité. Prétendre les dominer, c'est déclarer la guerre au genre humain.

Élisabeth écrivait à l'ambassadeur d'Espagne : « La mer aussi bien que l'air est chose libre » et commune à tous, et une nation particulière » n'y peut prétendre droit à l'exclusion des au-» tres, sans violer le droit naturel et le droit des » gens. »

La franchise de l'Océan, proclamée par Élisabeth, proclamée par Catherine, proclamée par les États-Unis, le Danemarck et la Suède, est une des bases fondamentales du droit des nations; et la position géographique de la France lui en confie la garde contre tous pirates, barbares ou civilisés.

TITRE II. — DROITS DES NATIONS SUR LEUR TERRITOIRE.

CHAPITRE 1er. — *De l'occupation.*

L'occupation est partout le titre primordial ; mais presque partout elle a fait place à la conquête ou aux cessions.

L'occupation est un fait, mais du fait résulte le droit. Aussitôt qu'un peuple s'est emparé d'un territoire vacant, ce territoire lui appartient par droit de premier occupant. — L'occupation cesse par l'évacuation volontaire, par cession ou par conquête. — Un territoire est réputé évacué par un peuple quand ce peuple n'y conserve plus l'autorité souveraine.

CHAPITRE 2. — *Des cessions de territoire.*

Les cessions de territoire se font par des traités. Mais un peuple ne peut céder plus de droits qu'il n'en a lui-même. Le chef de l'état, quel que soit son titre, ne peut céder ce qui n'appartient pas au peuple qu'il gouverne. On ne peut donner ce qu'on n'a pas. Toute cession faite contrairement à la constitution est nulle.

CHAPITRE 3. — *Du droit de conquête.*

La conquête est le titre actuel de presque toutes les nations civilisées. Mais toutes, maintenant, sont intéressées à ce qu'aucune désormais ne prenne aux autres, et à ce que le droit de conquête ne s'exerce plus que sur les peuples qui n'ont pas encore accédé à la civilisation européenne.

CHAPITRE 4. — *Droit de souveraineté.*

Le corps social a droit de faire sur son territoire tout ce qu'il juge conforme à ses intérêts, pourvu qu'il ne nuise pas aux autres peuples. Il doit respecter leur indépendance et leur tranquillité pour conserver le droit de faire respecter les siennes.

CHAPITRE 5. — *Des colonies.*

Les colonies doivent fournir à la métropole des produits que son climat lui refuse, lui procurer un débouché sûr pour ses produits, un aliment pour sa marine marchande, un refuge et un appui pour ses vaisseaux. — La colonie qui ne remplirait aucune de ces conditions serait un fardeau, loin d'être une richesse.

La colonie fait partie du territoire national; ses rapports avec la métropole sont réglés par des lois spéciales, mais toujours d'après les principes de l'équité. Le colon doit jouir, autant que possible, des mêmes droits que le métropolitain; ses intérêts doivent être stipulés dans les assemblées législatives.

L'esclavage répugne à la civilisation chrétienne, mais il ne faut pas ruiner les blancs pour délivrer les noirs. Il faut, d'ailleurs, dans l'intérêt même des noirs, ménager la transition. Pour beaucoup de nègres, une brusque émancipation serait la *liberté de mourir de faim.*

CHAPITRE 6. — *Des terres incultes.*

Il importe à la salubrité, à la richesse, à la sécurité, de ne pas laisser incultes les portions de terre capables de produire. — Quand les possesseurs ne peuvent ou ne veulent défricher, l'état exproprie, et fait des *concessions à charge de culture*, ou crée des colonies agricoles.

La France compte encore huit millions d'hectares incultes ! Ici, les bras manquent ; là, les capitaux ; ailleurs, les engrais ou l'eau ; sur quelques points, la terre végétale est couverte de lave ou de rochers ; sur d'autres, la chaux ou le sable surabondent.... Quand on saura prendre ce qui est de trop ici, pour le transporter là où il y a déficit, enrichir les terres de tous ces engrais qui infectent les villes, il y aura moins de terres incultes, moins de maladies, moins de misère.

Chapitre 7. — *Des colonies agricoles.*

Un peuple qui possède beaucoup de terres incultes doit s'imposer des sacrifices pour créer ou favoriser la création de colonies agricoles.

Les colonies agricoles pourront servir non seulement à fertiliser des terres incultes, à dessécher des marais, à augmenter par conséquent la richesse publique et les produits sociaux, mais encore à utiliser les enfants trouvés, à combattre la mendicité, comme celle de Strasbourg ; à remettre dans les bonnes voies les jeunes condamnés, comme celle de Mettray ; à donner de l'ouvrage aux vagabonds, à utiliser le temps et les bras des détenus.

TITRE III. — LIMITES DU TERRITOIRE SOCIAL.

CHAPITRE UNIQUE.

Les limites des états sont fixées par la nature ou par les traités.—Les mers, les grands fleuves, les chaînes de montagnes, sont des limites que la nature elle-même a tracées. — Les partages contraires à ces limites sont une cause permanente d'inquiétude et de malaise : la nation privée de sa limite naturelle désire toujours la recouvrer ; et celle qui est en possession craint toujours qu'on ne lui reprenne ce que les traités lui ont accordé. — Mieux vaut, pour toutes, respecter les limites naturelles.

TITRE IV. — INFLUENCE DU TERRITOIRE SUR LA NATION.

CHAPITRE UNIQUE.

Le territoire agit par sa nature, sa position, son étendue. Une terre fertile, sous un beau climat, favorise la paresse et attire les conquérants. Un territoire entouré de mers produit des navigateurs, marchands ou corsaires ; entouré de voisins puissants, il produit ou des soldats ou des esclaves. Quand l'étendue n'est pas proportionnée à la population, le corps social souffre. Est-elle inférieure aux besoins, il faut que l'industrie, le commerce extérieur ou la conquête, fassent l'appoint. Est-elle supérieure, les communications sont coûteuses, difficiles et lentes; l'action du pouvoir est gênée. Les communes les plus vastes sont, en général, celles qui ont, proportion gardée, le plus de charges et le moins de revenus.

TITRE V. — DIVISIONS DU TERRITOIRE SOCIAL.

CHAPITRE 1ᵉʳ. — *Division administrative.*

La division administrative a pour objet de rendre le gouvernement plus facile et la protection des lois plus efficace et plus prompte.

Il ne faut pas de subdivision inutile; tout rouage superflu gêne au lieu de servir. Mais il faut que la division administrative soit uniforme, complète, appropriée aux besoins des localités : qu'elle soit uniforme, c'est-à-dire la même partout, la même pour toutes les branches de l'administration, qui doivent se prêter sans cesse un mutuel appui; qu'elle soit complète, c'est-à-dire qu'elle comprenne tout le territoire social, afin que tout soit à couvert, et que partout les citoyens jouissent d'une égale protection ; qu'elle soit appropriée aux besoins des localités, c'est-à-dire établie suivant

les convenances particulières des populations, et
de la manière la plus conforme à leurs usages, à
leurs goûts, à leurs intérêts. Il faut surtout que
jamais aucune fraction du territoire, grande ou
petite, ne puisse résister au pouvoir central : autrement il n'y aurait pas de gouvernement. Le dé-
faut de centralisation est une des grandes plaies
de l'Espagne. La division de la France en départements, arrondissements, cantons et communes,
est excellente, et rend l'administration facile.
Mais il faut, pour qu'elle reste bonne, introduire
les changements qu'exigent le développement inégal et le déplacement des populations.

Chapitre 2. — *Inégalité entre les différentes portions du territoire social.*

Toutes les parties du territoire doivent être également protégées, et contribuer dans une égale
proportion aux charges publiques; mais la loi ne
peut faire que le centre soit partout, ni que les
campagnes jouissent de tous les avantages qu'on
trouve dans les villes, ni que le sol produise partout également.

Il faut à l'autorité publique un centre, d'où
partent et où aboutissent tous ses mouvements.
La centralisation est une des plus belles conquêtes de la révolution.

La capitale a des inconvénients proportionnés
aux avantages dont elle jouit; la province, les

frontières, ont aussi leurs inconvénients et leurs avantages, qui se balancent.

Quand chaque citoyen peut s'établir librement où bon lui semble, et trouve partout les mêmes lois, le même gouvernement, la même protection, nul n'a droit de se plaindre.

Les trois quarts des chefs de famille établis à Paris sont nés dans les provinces, et beaucoup de Parisiens vont s'établir au loin. La population de la capitale est à celle des provinces ce qu'est la mer aux rivières. Ceux qui excitent les provinces contre la capitale sont des ignorants ou des factieux, qui réveillent la querelle si ancienne entre les membres et l'estomac.

CHAPITRE 3. — *Division du sol entre les citoyens.*

Le partage des terres a toujours fixé l'attention des grands législateurs, parce que, presque toujours, les possesseurs du sol font la loi.

Quand le sol est concentré dans quelques familles, ces familles font la loi dans leur intérêt. On voit alors une extrême opulence à côté d'une misère extrême ; et le gouvernement est difficile, parce qu'il y a des riches à défendre et beaucoup de pauvres à contenir. Quand, au contraire, le sol est divisé entre un grand nombre de familles, chaque famille ayant sa part dans la richesse générale et dans le bien-être commun, toutes ont intérêt à soutenir le pouvoir qui les protége toutes.

Le corps social ne peut ôter aux uns pour donner aux autres : ce serait injuste, et contraire à
son devoir, qui est de les protéger tous également-
ment; ce qu'il peut, ce qu'il doit faire, c'est
de rendre aussi faciles que possible la division et
la transmission des terres. Il suffit pour cela de
ne pas y apporter d'entraves.

CHAPITRE 4. — *Des majorats et des substitutions.*

Les majorats et les substitutions ont pour but
de conserver la terre dans quelques familles.
L'intérêt général, qui veut que la richesse circule
et que les propriétés se divisent entre les citoyens, se trouve sacrifié à l'intérêt des familles
privilégiées.

CHAPITRE 5. — *Des biens de mainmorte.*

Tout ce que possèdent l'état, les communes et
les établissements publics, diminue la circulation de la richesse sociale et le nombre des citoyens propriétaires.

L'état ne devrait posséder que les monuments
publics, et la partie du sol occupée par les fleuves, les rivières, les routes et les autres grandes
voies de communication, les rivages de la mer,
les ports et les rades; en un mot, cette partie de
la chose publique qui n'est pas susceptible d'être
propriété privée sans dommage pour le bien
commun. Tout le reste doit être mis en circulation.

Mais autant il importe au bien public de ne pas laisser en mainmorte les choses susceptibles de propriété privée, autant il lui importe de ne pas laisser aux particuliers celles dont le public a besoin. Un canal, un pont, un chemin de fer, doivent appartenir à l'état : il ne faut pas mettre le public dans la dépendance d'un particulier; il ne faut pas qu'une compagnie puisse, en modifiant ses tarifs, jeter la perturbation dans certaines industries, comme a fait naguère une compagnie de canaux, et dicter ses lois au gouvernement du pays.

Les communes ne devraient posséder que les édifices, les chemins, les rues, les places, les halles et autres objets d'utilité communale. Leur intérêt et l'intérêt général demandent que les bois, les terres et les autres objets non affectés au service public, soient livrés au commerce, et que le prix en soit placé en rentes sur l'état.

CHAPITRE 6. — *Morcellement du sol.*

Il importe au bien public que le territoire soit réparti dans le plus grand nombre possible de mains, 1° parce qu'il est mieux cultivé, 2° parce qu'il y a moins de pauvres, 3° et plus d'intéressés à l'ordre public, 4° parce que les charges publiques supportées par un plus grand nombre semblent moins lourdes.

Mais un trop grand morcellement nuit à l'agriculture par la perte de temps et de travail qu'occasionne une exploitation dispersée. Il faut donc encourager les échanges et fixer une limite au morcellement.

Chapitre 7. — *Du système hypothécaire.*

Un système hypothécaire n'est bon que lorsqu'il assure au porteur *sécurité pour le placement*, *célérité pour le remboursement.*

Il ne peut y avoir *sécurité* sans une *publicité complète* de toutes les charges qui grèvent l'immeuble directement ou indirectement. Sully, Colbert, d'Aguesseau, Casimir Périer, avaient compris le rôle important que l'hypothèque joue dans le mouvement de la richesse nationale. Tous demandaient la *publicité.*

Pour assurer un *prompt remboursement*, il faut simplifier les procédures de saisie immobilière, de surenchère et d'ordre.

TITRE VI. — DES VOIES DE COMMUNICATION.

Chapitre 1er. — *Importance des voies de communication.*

L'un des intérêts les plus pressants des sociétés, c'est de multiplier les communications et de ren-

dre les voies faciles et sûres. L'homme n'est pas
destiné, comme l'arbre, à vivre sur place : il a besoin d'user de sa faculté locomotive ; il lui faut des
chemins pour visiter son vaste domaine. *Parate
vias Domini, rectas facite semitas ejus.* Les voies de
communications facilitent la marche de la civilisation, favorisent la création et la circulation des
richesses, diminuent les difficultés à vaincre pour
bien gouverner, et donnent plus de force aux lois
et aux pouvoirs sociaux pour protéger les bons citoyens et contenir les mauvais. Quelques routes
stratégiques ont guéri l'Ouest de la chouanerie.

Un peuple doit donc 1° ne rien épargner pour
rendre ses voies de communication plus nombreuses, plus faciles et plus sûres ; 2° travailler sans
relâche à se donner celles qui lui manquent, 3° et
à améliorer celles qu'il possède.

CHAPITRE 2. — *Diverses voies de communication.*

Les mers, les fleuves et les rivières, sont des
voies de communication que la nature a créées
elle-même. — « Un fleuve, disait Pascal, c'est un
grand chemin qui marche et qui porte. » — Le
travail de l'homme peut rendre ces communications plus faciles et plus sûres, et doit faire, pour
atteindre ce but, tout ce que l'art et la science lui
conseillent.

On ne saurait trop multiplier les ponts, les

canaux, les routes, les chemins de fer; mais il ne faut pas leur donner plus de largeur que ne l'exige le bien du service. Mieux vaut, comme en Angleterre, deux fois plus de routes que des routes deux fois plus larges.

3ᵉ Partie.

DE LA RICHESSE NATIONALE.

TITRE I. — EN QUOI CONSISTE LA RICHESSE D'UN PEUPLE.

CHAPITRE 1ᵉʳ. — *Sources de la richesse nationale.*

La richesse d'un peuple ne peut couler que de trois sources : la nature, le travail ou la conquête.

La nature est partout féconde, mais ses produits varient à l'infini ; l'art et la science indiquent à l'homme le parti qu'il peut tirer des trésors de toute espèce qu'elle met à sa disposition. Le travail approprie ces trésors aux besoins des populations ; la conquête elle-même est un travail, mais un travail qui déplace la richesse, qui la réduit, qui ne la crée pas. Ainsi la nature et le travail sont les deux seules véritables sources de la richesse.

CHAPITRE 2. — *Eléments de la richesse nationale.*

La richesse nationale se compose de trois éléments : richesse foncière ou immobilière, richesse mobilière, richesse extérieure.

La première se compose 1° du sol, 2° du sous-sol, 3° des constructions et des travaux de toute espèce qui existent sur le territoire ; la seconde, 1° du numéraire, 2° de toutes les choses mobilières, corporelles ou incorporelles, que possèdent l'état, les communes ou les citoyens ; la troisième, enfin, de tout ce que l'état ou ses membres puisent dans le trésor commun des mers, et de ce qui leur advient par droit d'occupation ou par droit de conquête.

CHAPITRE 3. — *Du capital et du revenu.*

Le capital d'un peuple se compose de toute sa richesse foncière et mobilière, intérieure ou extérieure. Son revenu consiste dans le produit annuel 1° de ce capital, 2° du travail des citoyens, 3° et de tout ce que l'état et les citoyens puisent dans les mers ou retirent de l'étranger.

CHAPITRE 4. — *Comment on apprécie la richesse d'un peuple.*

Pour apprécier la richesse nationale, il faut 1° une statistique exacte de la richesse foncière, de la richesse mobilière, de la richesse extérieure, en capital et en revenu ; 2° comparer l'actif général au passif, 3° les besoins aux ressources.

Quand les produits excèdent les besoins, la nation est riche ; quand ils leur sont inférieurs, elle est pauvre. Si l'actif s'accroît plus que le passif, l'état s'enrichit; dans le cas contraire, il s'appauvrit.

Il est facile d'apprécier le capital et les produits d'une commune : réunissez les statistiques de toutes les communes du canton, vous aurez celle du canton; réunissez les statistiques de tous les cantons, vous aurez celle de l'arrondissement; réunissez les statistiques des arrondissements, vous aurez celle du département; et les statistiques réunies de tous les départements vous donneront la statistique générale de la richesse publique.

On n'atteindrait pas au but du premier coup; mais, après quelques années d'essais, on en approcherait assez pour bien connaître les besoins et les ressources du pays. Un des moyens essentiels pour obtenir la vérité, c'est d'ôter aux localités l'intérêt de dissimuler.

CHAPITRE 5. — *De la valeur du sol et du sous-sol.*

La valeur du sol varie suivant l'étendue, la fertilité, la salubrité, les débouchés; suivant l'importance des travaux qu'il a subis, suivant le génie de la population qui l'occupe, suivant les richesses qu'il recèle et qu'il porte; ainsi le corps social a mille manières d'accroître cette valeur.

Quelquefois le sous-sol vaut plus que le sol. Le territoire français renferme des richesses géologiques immenses, presque toutes inexplorées. Anzin, Saint-Etienne, le Creuzot, ont déjà grossi

considérablement le capital et le revenu de la
France. On porte à 132 millions le produit brut
des mines françaises en 1840 ; les mines anglaises
ont produit 440 millions dans la même année ;
celles de la Russie (Pologne et Asie comprises)
135 millions. Quelques secours aux mines, quelques chemins de fer pour faciliter l'écoulement
des produits, quelques canaux, ouvriraient de
nouvelles sources de richesses dans plusieurs départements, aujourd'hui pauvres, et qui seraient
bientôt dans l'opulence. Il faut semer pour recueillir.

Chapitre 6. — *Des eaux.*

L'eau doit être l'objet d'une attention particulière, parce qu'après l'air c'est notre principal
aliment, et qu'après le soleil et l'air c'est le premier agent de la végétation ; l'eau d'ailleurs est un
moteur puissant et peu coûteux. Des contrées en-
tières sont exposées à manquer d'eau ! Quel mal
pour la santé des habitants, pour les troupeaux,
pour l'agriculture, pour l'industrie ! Il ne faut
rien négliger pour satisfaire un des besoins les
plus impérieux de la nature. Que l'eau des fleuves
pénètre partout où il est possible, au moyen de canaux et d'aqueducs, et que des puits artésiens
viennent au secours des pays dans lesquels l'eau
fluviale ne peut avoir accès.

Pourquoi ne pas adapter un aqueduc au viaduc

quand la pente le permet? Un bon système d'irrigation mettrait en valeur une grande quantité de terres aujourd'hui stériles, et rendrait plus fécondes celles qui produisent déjà.

CHAPITRE 7. — *Des constructions.*

On appelle *constructions* tous les ouvrages que l'homme a faits sur la terre ou dans la terre, soit pour son habitation, soit pour tout autre objet d'utilité générale ou privée. Les édifices publics, les maisons, les routes, les canaux, les ponts, les ports, les fortifications, les quais, sont une portion de la richesse publique, et cette portion peut acquérir une valeur immense. Depuis 1789, la valeur des constructions, en France, a plus que doublé.

CHAPITRE 8. — *Des valeurs mobilières.*

La richesse mobilière des Anglais est supérieure à leur richesse foncière. Il n'en est pas de même en France à beaucoup près ; mais, si la paix se prolongeait, nous arriverions bientôt à niveler ces deux valeurs. Plus augmente la masse des valeurs mobilières et des constructions, plus la terre a de prix.

CHAPITRE 9. — *Du numéraire.*

Le numéraire ne doit compter, dans la richesse nationale, que pour sa valeur intrinsèque. Son émission doit être proportionnée au besoin de la circulation : s'il est rare, la circulation est gênée ; s'il est trop abondant, il y a *perte d'intérêt* pour la portion inutile ; ce n'est pas tout, l'équilibre des valeurs est détruit, et le travail diminué : les mines du Nouveau-Monde ont ruiné l'Espagne.

L'abondance du numéraire est moins à redouter que la disette. Quand on a fait la part de l'avarice, la part du commerce extérieur, celle des nations peu civilisées dont les princes entassent des trésors, la portion qui reste n'est jamais trop forte pour le mouvement de la richesse nationale. Quand le numéraire est insuffisant pour rendre ce mouvement facile, on y supplée par du papier ; mais tout papier-monnaie est un emprunt, une dette.

CHAPITRE 10. — *Des emprunts nationaux, et du crédit.*

L'emprunt n'est pas une richesse ; au contraire, c'est un passif. Mais la faculté d'emprunter, le crédit, est un moyen d'accroître le capital social, et c'est sous ce point de vue que je le considère ici.

L'emprunt, d'ailleurs, est un actif pour le créancier ; et comme il y a des emprunts étrangers en circulation dans le pays, comme la portion de ces emprunts possédée par les Français compense à peu près la portion de l'emprunt français possédée par des étrangers, il faut, dans l'actif social, comprendre les fonds publics, sauf à les comprendre aussi dans le passif.

L'emprunt est une lettre de change que le présent tire sur l'avenir. S'il produit un accroissement d'actif équivalent à la somme dont il accroît le passif, l'avenir aurait tort de se plaindre ; et si cet accroissement est supérieur, l'avenir doit être content.

Supposez que le corps social emprunte un milliard pour faire des canaux, des routes, des chemins de fer. Quand les travaux sont terminés, le capital social est accru 1° de constructions valant un milliard ; 2° d'une plus-value considérable acquise par les terres voisines, plus-value qui se fait sentir dans les caisses du trésor par l'accroissement de l'impôt foncier, des droits d'enregistrement, de la consommation ; et 3° d'un milliard de *papier-rente*, qui, pour les particuliers, est une richesse aussi positive que la terre elle-même, car le papier-rente est de l'argent en caisse produisant intérêt.

Il est vrai que le pays doit un milliard ; mais à qui ? à lui-même ; et cette dette, qui n'est qu'un revirement de fonds, a répandu l'aisance dans un grand nombre de familles : elle enrichit le corps social. En quelques années l'impôt, sous ses formes diverses, couvrira la rente annuelle de [l'emprunt. Quel père de famille n'emprunterait pas à de telles conditions ?

Ainsi le crédit est bon pour accroître la richesse. Il est indispensable pour défendre l'indépendance nationale contre des attaques imprévues.

Le crédit est grand ou nul, suivant la confiance qu'inspire le gouvernement. Un des plus grands services que la Restauration nous ait rendus, c'est d'avoir fondé le crédit sur d'excellentes bases : le paiement exact de toutes les dettes , l'ordre dans les finances , et la bonne foi.

TITRE II.— COMMENT ON AUGMENTE ET COMMENT ON RÉPAND LA RICHESSE.

CHAPITRE 1er. — *Comment on augmente la richesse nationale.*

Le corps social a mille manières d'accroître sa richesse : 1° en ajoutant à son territoire; 2° en tirant meilleur parti du sol et du sous-sol; 3° en puisant plus souvent dans les mers; 4° en créant de nouvelles branches de travail; 5° en améliorant les anciennes; 6° en faisant plus de travaux publics; 7° en ouvrant à l'intérieur des communications, à l'extérieur des débouchés; 8° par une organisation du travail plus intelligente, plus économique, plus productive; 9° en facilitant l'expansion et la circulation des richesses.

Aucun de ces moyens ne doit être négligé; le législateur, en bon père de famille, doit avoir sans cesse l'œil ouvert sur toutes ses ressources, et prendre les mesures nécessaires pour les accroître.

CHAPITRE 2. — *Comment on répand la richesse.*

Il n'importe pas moins de répandre la richesse parmi les citoyens que de l'accroître.

Les capitaux, comme l'eau, tendent à chercher leur niveau; si rien ne s'oppose à leur expansion, ils circulent, et leur circulation vivifie toutes les parties du corps social, comme la circulation du sang porte la vie dans tout le corps humain.

Lever les entraves; donner sécurité parfaite au *prêteur*, à l'*acquéreur*, au *vendeur;* livrer au commerce tous les biens frappés de mainmorte; augmenter la quantité des signes circulants; multiplier les travaux publics; en un mot favoriser la circulation des capitaux, c'est favoriser l'expansion de la richesse.

Pour décentraliser les capitaux sans injustice, il faut établir l'égalité entre héritiers; supprimer les substitutions et les majorats ; fonder un bon système hypothécaire ; faciliter la transmission des propriétés ; avoir de bonnes lois civiles, une bonne organisation judiciaire, un bon gouvernement ; établir partout des caisses d'épargnes et des écoles ; favoriser enfin l'agriculture, le commerce, l'industrie, les arts et les sciences. (Voy. liv. III, tit. 1er, ch. 7, *De l'abondance.*)

CHAPITRE 3. — *Des travaux publics.*

Les travaux publics sont de trois sortes : nécessaires, utiles, ou de luxe. Le bien général exige les premiers, sans retard, et à tout prix. Les autres doivent être exécutés à mesure que la prospérité publique permet l'accroissement des charges qu'ils nécessitent. Faire des travaux pour occuper des bras, quand l'agriculture ou l'industrie manquent de bras ; faire des travaux de luxe, quand le pays manque du nécessaire, ou quand le trésor est en déficit, c'est mal administrer.

Quand des travaux sont jugés nécessaires, ou même utiles, si l'état des finances ne permet pas au gouvernement de les faire, le législateur peut les confier à l'industrie privée, en surveillant l'exécution, et en imposant les conditions que réclame l'intérêt général.

Le législateur est juge suprême de l'utilité des travaux et des moyens d'exécution. Mais il doit veiller à ce que chaque fraction du territoire ait sa part ; s'il ne peut donner aux montagnes des chemins de fer, des canaux, il doit leur donner des routes, des ponts, afin que nulle fraction du territoire ne puisse dire : « Je paie comme les autres ; » elles obtiennent tout, et je n'obtiens rien. »

Les travaux publics doivent se faire au moyen d'emprunts. Il n'est pas juste que la génération présente supporte seule tout le fardeau, puisque ces travaux profiteront surtout aux générations qui viendront après elle. Si on additionnait toutes les sommes qui, depuis cinquante ans, ont été employées en travaux publics, on trouverait peut-être un total supérieur à la dette nationale ; ce document prouverait aux contribuables que les sacrifices annuels faits par leurs pères et par eux-mêmes ont été employés utilement, et que la prospérité dont jouit la France est due en grande partie aux travaux exécutés par ses divers gouvernements.

TITRE III. — INFLUENCE DE LA RICHESSE SUR LE CORPS SOCIAL.

CHAPITRE UNIQUE.

Pour les nations comme pour les individus, « richesse ne suffit pas au bonheur », mais elle fournit les moyens d'obtenir et de conserver les éléments qui le constituent. — L'*indépendance nationale* est mieux gardée quand on a de quoi entretenir une armée, des places fortes et une bonne diplomatie. — La *sécurité publique* est plus grande au milieu d'une population laborieuse et riche qu'au milieu d'un peuple misérable : il y a plus de *santé*, de *force*, d'*esprit national;* — la *paix* et la *stabilité* sont mieux garanties.

4ᵉ Partie.

DE LA RELIGION CONSIDÉRÉE SOUS LE POINT DE VUE DE SON UTILITÉ SOCIALE.

TITRE I. — DES CROYANCES RELIGIEUSES.

CHAPITRE 1ᵉʳ. — *Le sentiment religieux est inné.*

Le sentiment religieux existe chez tous les hommes, plus ou moins développé, suivant leur éducation; voilà pourquoi tout peuple a ses croyances. — L'éducation dirige ce sentiment vers un culte quelconque. Lorsqu'elle le dirige bien, le citoyen est meilleur, plus heureux, plus soumis aux lois et à l'autorité; lorsqu'elle l'a mal dirigé, le citoyen tombe dans le fanatisme, la superstition, l'indifférence ou l'impiété, quatre écueils presque aussi dangereux les uns que les autres, et qu'un enseignement rationel peut éviter.

Toute religion a son dogme, son culte et sa morale.

CHAPITRE 2. — *Quels dogmes sont nécessaires au bonheur des hommes.*

Deux croyances religieuses sont indispensables au bonheur de l'individu, de la famille, du corps social et du genre humain : *L'existence d'un Dieu* rémunérateur et vengeur, et *la vie future.*

Voltaire avait dit :

Si Dieu n'existait pas, il faudrait l'inventer.

Et Mirabeau : « Dieu est aussi nécessaire aux hommes que la liberté. »

La convention nationale, au fort de la terreur, entendit les paroles suivantes :

« .... Qui a osé dire que la Divinité n'existe pas ? O toi qui te passionnes pour cette aride doctrine, et qui ne te passionnas jamais pour la patrie, quel avantage trouves-tu à persuader à l'homme qu'une force aveugle préside à ses destinées, et frappe au hasard le crime et la vertu ? que son âme n'est qu'un souffle qui s'éteint aux portes du tombeau ? L'idée de son néant lui inspire-t-elle plus de respect pour ses semblables et pour lui-même, plus de dévoûment à la patrie, plus d'audace à braver la tyrannie, plus de mépris pour la mort ou la volupté ? Vous qui regrettez un ami vertueux, vous aimez à penser que la plus belle partie de lui – même a échappé au trépas ! Vous qui pleurez sur le cercueil d'un fils ou d'une épouse, êtes-vous consolés par celui qui vous dit qu'il ne reste d'eux qu'une vile poussière ? Malheureux qui expirez sous les coups d'un assassin, votre dernier soupir est un appel à la justice éternelle ! L'innocence sur l'échafaud fait pâlir le tyran sur son char de triomphe : Aurait-elle cet ascendant si un tombeau égalait l'oppresseur et l'opprimé ?... » Ainsi dit Robespierre, et l'assemblée décrète l'existence de l'Être-Suprême.

Le dogme de l'immortalité de l'âme et de la vie future est aussi nécessaire aux hommes que celui de l'existence de Dieu. *L'homme ne vit pas seulement de pain*, il lui faut un bonheur plus solide et plus durable que celui qu'il trouve ici-bas; il tourne les yeux vers le Ciel, il cherche la cause des causes. L'homme qui se dit le plus incrédule s'indigne quand on refuse à son frère la prière des morts ! Il découvre sa tête devant un cercueil ! Et quand approche l'heure suprême, il demande au culte ses consolations ! *Tunc hominem esse meminit...*

Saper les croyances religieuses ou leur laisser prendre une fausse direction, c'est compromettre le bonheur social. Voilà pourquoi tous les grands législateurs furent croyants. Une législation athée serait antisociale et sans durée : *Ubi non est pudor, nec cura juris, pietas, fides, instabile regnum est.* (PLATON.)

TITRE II. — D|ES CULTES.

Chapitre 1ᵉʳ. — *Point de société sans culte.*

Il n'est point de société sans religion, ni de religion sans culte. Le dogme et le culte sont les gardiens de la morale.

Tout culte a droit à la protection du corps social; mais tout culte est soumis aux lois du pays. La loi et le gouvernement ne peuvent tout protéger qu'en dominant tout.

Le culte ne doit pas seulement obéir aux lois, il doit leur venir en aide; il doit exciter à la soumission tous les citoyens qui le pratiquent.

L'état protége les cultes en soutenant ce qui les soutient, en punissant tout ce qui voudrait leur nuire. Il doit les protéger contre leurs ennemis, et même contre leurs amis dangereux.

Chapitre 2. — *De la liberté religieuse.*

La liberté religieuse veut que chacun puisse adorer Dieu suivant le culte qu'il préfère, mais que nul ne puisse blesser impunément les deux dogmes nécessaires au bonheur des hommes.

L'unité religieuse est désirable, parce qu'elle complète l'unité sociale : Israël fut au comble du bonheur sous Salomon, parce qu'il n'avait alors qu'un Dieu, qu'une loi, qu'un roi. En attendant

que la raison parvienne à mettre les croyances
d'accord, il faut qu'une tolérance éclairée, charitable, tienne lieu de cette unité.

L'intolérance a fait plus de mal au christia-
nisme que les persécutions : le martyre d'Anne
Dubourg et le massacre de la Saint-Barthélemy
produisirent la réaction anti-chrétienne de 1793 :
chaque excès amène tôt ou tard un excès contraire.

Fénélon disait au fils de Jacques II : « Ne forcez jamais vos sujets à changer de religion; nulle
puissance humaine ne peut forcer le retranche-
ment impénétrable de la liberté du cœur. La force
ne peut jamais persuader les hommes; elle ne fait
que des hypocrites. Quand les rois se mêlent de
religion, au lieu de la protéger, ils la mettent en
servitude. Accordez à tous la tolérance civile, non
en approuvant tout comme indifférent, mais en
souffrant avec patience tout ce que Dieu souffre,
en tâchant de ramener les hommes par la persuasion. » La vérité, la persuasion, dit ailleurs Fénélon, peuvent seules ramener l'unité religieuse.

CHAPITRE 3. — *De la puissance spirituelle.*

Le gouvernement s'appuie sur la loi; la loi sur
la morale, et la morale sur les croyances : voilà
comment *toute puissance vient de Dieu.* Mais à côté
de cette maxime, dont on a tant abusé, se trouve
une autre maxime : *Vox populi, vox Dei.*

Le prêtre est un citoyen soumis aux lois et au gouvernement. Son devoir de citoyen est sacré non moins que celui de pasteur, et le bon prêtre concilie parfaitement ces deux devoirs.

Toute religion qui n'admettrait pas la maxime : « Rendez à César ce qui est à César, et à Dieu ce » qui est à Dieu », serait incompatible avec un bon gouvernement.

Le prêtre doit soumission au chef suprême de sa religion pour tout ce qui regarde le dogme, le culte et la morale ; mais il doit soumission au gouvernement du pays pour tout ce qui concerne le temporel.

Jésus a dit : « Mon royaume n'est pas de ce monde. » Appeler aux affaires les ministres d'un culte, c'est compromettre leur caractère sacré. Or il importe au bien public que les cultes et leurs ministres soient entourés de respect.

Mais l'instruction morale et religieuse, mais la charité, sont dans le domaine du pasteur ; et le bien public veut que chacun fasse tout ce qu'il peut faire de mieux.

Que le prêtre ne sorte du sanctuaire que pour donner au malheur des consolations et des secours ; qu'il combatte le mal sans relâche et partout, sous toutes ses formes ; qu'il aide à former de bons citoyens ; en un mot qu'il remplisse tous ses devoirs : il aura sur le bien public un pouvoir immense, qu'on ne lui contestera plus.

CHAPITRE 4. — *Des fêtes et dimanches.*

Le repos est indispensable à l'homme qui travaille; mais, comme l'oisiveté mène au vice, il faut sanctifier le temps du repos. Ce n'est pas seulement pour honorer Dieu, c'est pour donner répit aux serviteurs, aux ouvriers, aux enfants, à tous ceux qui dépendent d'autrui, que le dimanche fut institué.

Dans une pièce de poésie radicale publiée par un laboureur anglais, on lit ces belles pensées :
« Dimanche, le seul jour où l'ouvrier vive et res-
» pire! Soleil plus pur! air plus léger! bonheur d'un
» repos de vingt-quatre heures! venez, car il y a
» du désespoir dans une vie de labeur. Venez,
» tout le reste de l'existence est pour l'ouvrier
» une agitation dans la tombe; le dimanche seu-
» lement l'air souffle pour lui…. Pauvres victimes
» d'un travail éternel! ne leur enviez pas ce der-
» nier rayon de joie… Pendant six jours il n'a vu
» le soleil qu'à travers la poudre que ses pieds
» soulèvent, à travers la fumée de l'atelier ou la
» sueur de son front. Laissez-lui le dimanche! S'il
» aime à se promener seul alors, s'il ne va pas
» plier le genou dans l'église, s'il veut entendre le
» vent murmurer, l'abeille bourdonner, le feuil-
» lage s'animer sous la brise, pourquoi le con-
» damner? Dieu ne le blâme pas…. Ne peut-on

» prier dans les champs, dans les bois, sur les
» monts? Dieu n'est-il point partout? »

CHAPITRE 5. — *De la religion chrétienne.*

La religion chrétienne a brisé les fers des esclaves; elle a porté la civilisation sur toutes les
parties du globe; elle y portera le bonheur quand
elle sera partout bien comprise et bien suivie.
Cette religion de paix, d'amour, de lumières et
de progrès, est encore loin d'avoir atteint son
but, « la fraternité de tous les hommes ». En
proclamant cette fraternité, la religion chrétienne
a substitué l'amour à la haine et l'espoir à la
crainte.

Elle se compose, comme les autres, de trois
choses qu'il ne faut jamais confondre : le dogme,
le culte et la morale. Jetons un voile sur le dogme,
et ne cherchons pas à expliquer des mystères inex-
plicables (*Imitation de J.-C.*, liv. 4, ch. 18); entou-
rons de respect le culte et ses ministres, et tâchons
de pratiquer la morale chrétienne, la plus pure,
la plus parfaite et la meilleure des morales.

Quand la religion chrétienne et la philosophie
uniront leurs efforts pour le bien de l'humanité,
les cultes se confondront tous en un seul, et la
promesse du Sauveur s'accomplira : « *Fiet unum
ovile et unus pastor.* » (Saint JEAN, ch. 10, v. 16.)
Que l'Eglise mette à sa tête un Ganganelli, la religion de Jésus sera bientôt *universelle*.

« De véritables chrétiens, disait Montesquieu,
» seraient des gens infiniment éclairés sur leurs
» devoirs; ils sentiraient très bien les droits de la
» défense naturelle, et plus ils croiraient devoir à la
» religion, plus ils croiraient devoir à la patrie. »

« Chose admirable! dit-il ailleurs, la religion
» chrétienne, qui ne semble avoir pour objet que la
» félicité de l'autre vie, fait encore notre bonheur
» dans celle-ci », parce que la même voie conduit
au bonheur et au salut.

« La société ne peut se soutenir qu'en s'appuyant
» sur l'autel; mais les ornements de l'autel doivent
» changer selon les siècles, et en raison des pro-
» grès de l'esprit humain. Si le sanctuaire de la
» vérité est beau à l'ombre, il est encore plus
» beau à la lumière; la croix est l'étendard de la
» civilisation. » (Chateaubriand.)

Dire que la raison et la foi sont incompatibles,
c'est prouver qu'on n'a pas une idée bien juste ni
de la foi ni de la raison. L'âme et le corps marchent ensemble, quoique bien différents quant à la
substance. Au lieu de proclamer que la raison et
la foi sont incompatibles, il vaut mieux travailler à
les mettre d'accord. La raison éclairée sait fort bien
qu'elle ne peut expliquer tout, et qu'il faut croire
à la vie, par exemple, quoique les mystères de la
vie soient impénétrables. La foi éclairée sait fort
bien qu'elle n'a de valeur qu'alors qu'elle s'appuie
sur la raison. L'auteur du Télémaque sut concilier
une haute raison avec une foi inébranlable.

5ᵉ Partie.

DE LA MORALE, DES MŒURS ET DE L'ÉDUCATION.

TITRE I. — DE LA MORALE.

CHAPITRE 1ᵉʳ. — *Il ne peut y avoir deux vraies morales.*

La morale est la science du bien et du mal. Cette science a pour *objet* l'homme social; pour *but*, son bonheur; pour *moyens*, l'épuration des *mœurs*, l'amour du *devoir* et la pratique de la *vertu*. La morale enseigne donc aux hommes leurs *devoirs*, c'est-à-dire ce qu'ils *doivent* faire pour vivre heureux.

La *vertu* consiste dans l'accomplissement des devoirs; la *sagesse*, dans la pratique de la vertu : la sagesse, la vertu, le devoir, sont donc les voies du bonheur; c'est pourquoi Leibnitz disait que la *morale est la science du bonheur;* et Newton, que « le savoir sans la morale n'est qu'un vain mot ».

La meilleure morale est celle qui, bien observée, procurerait le plus de bonheur. Elle doit être lumineuse comme le soleil, afin de frapper l'intelligence la plus commune; elle doit s'appliquer à tous les âges, à tous les sexes, à tous les états, et procurer en tous temps et en tous lieux bonheur individuel, bonheur de famille, et bonheur social ; elle doit être la base de toute bonne action, de toute bonne conduite, de toute bonne législation, de tout bon gouvernement, de toute bonne politique. Les voies de la vraie morale doivent conduire au bonheur et au salut.

Il ne peut y avoir deux vraies morales : la meilleure de toutes est la seule vraie ; les autres s'éloignent plus ou moins de la vérité, suivant qu'elles s'éloignent plus ou moins de la vraie morale. L'évangile résume en quelques mots la morale : « Aime Dieu par dessus tout, et ton prochain comme toi-même. » Qui aime Dieu ne fait aucun mal ; qui aime son prochain ne lui fait que du bien. Où trouver une morale plus simple et plus féconde en bien-être !

La morale épure les mœurs des hommes. Avant de parler des *mœurs*, il faut dire quelques mots de l'*homme*.

CHAPITRE 2. — *De l'homme et du bonheur humain.*

L'homme fut conçu pour naître, est né pour vivre ; vit pour lui, pour sa famille, pour sa patrie, pour son espèce. Il a plus de facultés que les animaux, parce qu'il a plus de besoins, et que la nature a mesuré, pour tous les êtres, les ressources aux besoins.

L'animal fuit le mal, cherche le bien, mais vit

sans s'inquiéter du but de son existence ; l'homme, au contraire, veut connaître les lois qui le régissent, et l'auteur de ces lois ; il veut savoir qui créa le premier gland, le premier couple de chaque espèce d'animaux ; quel est le moteur de tout, quelle est la cause des causes. Aux besoins physiques viennent s'adjoindre pour lui des besoins intellectuels et des besoins moraux.

Il aspire toujours au bien, au mieux ; et, comme il est sujet à erreur, il prend souvent le mal pour le mieux. Le scélérat cherche du bien dans le crime, et le fanatique dans le martyre ; le suicide lui-même veut échapper au mal, qu'il n'a pas le courage de supporter. Les hommes courent tous au bonheur, mais par des chemins différents. La morale indique le seul chemin qui puisse y conduire : la vertu. La morale pratique est notre *Mentor*.

Mais s'il est impossible d'atteindre au bonheur sans accomplir tous ses devoirs, il est possible d'accomplir ses devoirs et d'être malheureux, parce que le bonheur dépend d'une foule de circonstances, et principalement de l'état du pays qu'on habite. Quel Français pouvait être heureux en 93 ! Mais le sort de Malesherbes était préférable à celui de Marat.

Puisque le bonheur de l'homme est subordonné au bonheur du corps social, le devoir et l'intérêt de l'homme veulent qu'il fasse tout ce qui dépend de lui pour améliorer la chose publique.

L'homme a toujours intérêt, dans quelque position qu'il se trouve, à être bon, sociable, honnête, en un mot à remplir tous ses devoirs.

CHAPITRE 3. — *Puissance de l'habitude.*

Dieu soumit l'homme à trois maîtres : la nature, l'habitude et la société. Les lois de la nature dominent son être depuis la conception jusqu'au tombeau ; l'habitude ajoute ses exigences aux exigences de la nature, et l'homme n'échappe à une habitude qu'en prenant une habitude nouvelle. La nature et l'habitude réunies rendent la société nécessaire à l'homme, et tellement nécessaire, que le supplice le plus insupportable c'est l'isolement absolu.

Il dépend de l'homme de se rendre ses trois maîtres favorables ou contraires : la nature est cruelle pour le débauché ; les habitudes du méchant lui sont funestes ; la société devient barbare pour le criminel. Pour le sage, au contraire, nature, habitudes, société, concourent à son bonheur.

L'homme le plus sage est celui dont les mœurs sont les plus pures.

L'homme a des habitudes qui ne concernent que sa personne ; il en a qui sont relatives à ses rapports avec ses semblables : ces dernières prennent plus spécialement le nom de mœurs. Les habitudes font les mœurs.

———

TITRE II. — DES MŒURS.

.... Quid leges sine moribus
Vanæ proficiunt....
(HORACE.)

CHAPITRE 1ᵉʳ. — *Les mœurs d'un peuple font sa destinée.*

Les mœurs guerrières des Romains leur avaient donné l'empire du monde ; leur corruption fut la cause principale de la chute de l'empire. Tacite avait dit : « Les bonnes mœurs valent mieux que les bonnes lois. »

Les mœurs d'un peuple sont le résumé des mœurs des citoyens et des familles qui le composent ; l'ensemble ne peut être bon quand les parties sont mauvaises. Pour épurer les mœurs nationales, il faut épurer les mœurs individuelles et les mœurs de famille.

Pour épurer les mœurs individuelles, il faut connaître leur origine, et les choses qui influent sur elles en bien ou en mal.

Les habitudes font les mœurs ; et « la vertu », comme disait Andrieux, « n'est que la pratique des bonnes habitudes ».

Mais d'où vient l'habitude ? Quelles sont les

choses qui influent sur les habitudes? C'est ce qu'il faut examiner avant d'aller plus loin.

CHAPITRE 2. — *Origine de l'habitude.*

Les mêmes besoins et les mêmes penchants, disposant des mêmes organes et des mêmes ressources, doivent être servis de la même manière. Ce service répété détermine l'habitude. Voilà pourquoi l'homme change d'habitudes quand il voyage, quand il vieillit, quand il perd l'usage d'un sens ou d'un membre, quand il devient riche ou pauvre, en un mot chaque fois qu'un changement s'opère dans ses besoins, dans ses penchants, dans ses organes ou dans ses ressources.

CHAPITRE 3. — *Quelles choses influent sur les mœurs.*

La race, le climat, le territoire, les besoins, le genre de travail, la religion, la morale, les lois, le gouvernement, les lettres, les arts, les sciences, les rapports internationaux et les révolutions, influent sur les mœurs; l'influence de l'éducation est supérieure à toutes les autres ensemble.

La race agit sur les mœurs, parce qu'elle agit sur l'organisation physique et intellectuelle, partant sur les besoins, les penchants et les sentiments. Le fils ressemble au père intérieurement comme extérieurement; mais il ressemble aussi à la mère, et c'est pourquoi il n'est pas une copie fidèle de son père.

Le territoire et le climat influent sur les organes, les besoins, les penchants et les ressources : comment n'influeraient-ils pas sur les habitudes ? Le besoin commande l'habitude. Le genre de travail modifie nos organes et nos penchants : les mœurs agricoles diffèrent des mœurs industrielles.

Le but humain de la morale et de la religion est d'améliorer les mœurs.

Les lois et le gouvernement doivent tendre au même but, par les récompenses et les peines, par l'exemple des gouvernants, la diffusion des lumières et l'éducation.

Molière, La Fontaine et Voltaire, ont prouvé quelle puissance les lettres ont sur les mœurs.

Quant aux sciences et aux arts, leur influence dépend de la direction que leur improlment les lois et le gouvernement. Les rapports internationaux modifient aussi les mœurs : chaque peuple emprunte à ses voisins quelques usages.

Enfin les révolutions agissent profondément sur les mœurs, non seulement parce qu'elles changent le gouvernement et les lois, mais encore parce qu'elles dérangent les habitudes individuelles, les usages des familles, et surtout les mœurs politiques.

CHAPITRE 4. — *Des mœurs individuelles.*

L'homme dont les mœurs sont pures jouit de tout le bien-être auquel sa position lui permet d'aspirer : il est riche, parce qu'il a su porter ses ressources au niveau de ses besoins, ou réduire ses besoins au niveau de ses ressources; il est libre, car il ne veut faire que du bien, et le bien est toujours permis; tout lui réussit, parce qu'il est prudent et bon ; la vieillesse est tardive pour lui, parce qu'elle n'est hâtée ni par le remords ni par l'inconduite; et quand enfin elle arrive, elle arrive accompagnée du respect, de l'amitié, de l'estime générale; après lui, son nom reste en vénération parmi les hommes.

Que le sort du méchant est différent! Quelle existence ! quelle vieillesse ! quelle mort !

L'amour du devoir est le gardien des mœurs individuelles, et les mœurs individuelles déterminent le sort non seulement du citoyen, mais encore de sa famille.

CHAPITRE 5. — *Des mœurs de famille.*

La famille de l'homme de bien prospère, parce qu'elle est bien conduite. Elle produit les bons ouvriers, les bons soldats, les bons fils, les bons citoyens. La famille du méchant est un centre de misère, de vices, de crimes : un mauvais arbre ne produit pas de bons fruits.

Trois choses dominent les mœurs de famille : la foi conjugale, la puissance paternelle et l'exemple des parents.

CHAPITRE 6. — *De la foi conjugale et de la puissance paternelle.*

Quelle estime un fils peut-il avoir pour l'homme qui trompe sa mère? Quel respect une fille aura-t-elle pour la femme qui trompe son père? Manquer à sa parole est un grand mal; qu'est-ce donc que manquer au serment le plus solennel? La foi conjugale a fait en France d'heureux progrès, et Labruyère ne pourrait plus dire « qu'il y a beau-
» coup de femmes qu'on connaît mieux par le nom
» de leur amant que par celui de leur mari. »

Plus on soigne l'éducation de ses enfants, plus on sent la nécessité de se conduire honnêtement.

La puissance paternelle est la première et la plus sainte des magistratures : quand elle s'affaiblit, les mœurs s'en vont.

CHAPITRE 7. — *De l'exemple des parents.*

Un père, une mère, qui sentent l'importance de l'éducation qu'ils donnent à leur enfant, la puissance de leurs exemples sur cette éducation, et la nécessité de mériter le respect dont ils ont toujours besoin, se gardent bien de tenir une mauvaise conduite. L'homme ne fait pas le mal quand il est sûr d'en retirer du mal.

Un riche traitait durement son père et lui donnait à manger dans une écuelle de bois. Il remarque un jour que son enfant taille une branche de sapin : « Que fais-tu là, mon fils ? » lui dit-il. — « Papa, répond l'enfant, je fais une écuelle » de bois pour vous, quand vous serez vieux. »

L'homme est de tous les animaux le plus imitateur ; la puissance de l'exemple est sur lui plus forte que celle du précepte ; et l'exemple de ses parents est celui qui agit le plus, 1° parce qu'il y a similitude d'organes, et par suite de goûts ; 2° parce que l'habitude ajoute encore sa puissance quotidienne à la puissance de la nature. Comment l'enfant résisterait-il aux mauvais exemples de ses parents !

CHAPITRE 8. — *En quoi consiste la pureté des mœurs.*

La pureté des mœurs suppose six vertus éminemment sociales : la *Piété*, qui détourne du mal et porte au bien par crainte et amour de Dieu ; la *Charité*, par amour du prochain ; la *Probité*, non moins utile à l'homme honnête qu'à ses concitoyens ; la *Tempérance*, le plus sûr des médecins ; la *Vénération*, auxiliaire indispensable de l'autorité ; et l'*Amour du devoir*, gardien des autres vertus.

La réunion pratique de ces vertus constitue la vraie sagesse.

CHAPITRE 9. — *Influence de la piété sur le bonheur social.*

La vraie piété consiste à faire le bien, et à ne faire que du bien. « Faire du bien, c'est aimer Dieu. » (SAINT AUGUSTIN.)

La vraie piété, mère de toutes les vertus, préside au bonheur de l'individu, de la famille, du corps social et du genre humain.

Les plus grands hommes furent pieux : Moïse, Zoroastre, Confucius, Lycurgue, Solon, Aristote, Platon, Numa, les Antonins et Charlemagne, donnèrent au monde l'exemple de la piété.

On demandait à Confucius quel est l'homme pieux? « C'est celui qui aime les autres », répondit-il. La piété ne marche pas sans la charité; c'est pour cela qu'elle est tolérante.

Pufendorf disait : *Pietas erga Deum fundamentum est probitatis morum et virtutis erga homines.* La piété ne marche pas sans la probité.

C'est de la piété que dérivent l'amour des enfants pour leurs parents et l'amour de la patrie, ce qui faisait dire à un ancien : *Justitiam cole et pietatem; quæ cum sit magna in parentibus, tum in patria et propinquis maxima est.* (CIC., *Scip. somn.*)

Chapitre 10. — *Influence de la charité sur le bonheur social.*

La charité ne consiste pas seulement à secourir les pauvres, mais à ne vouloir et à ne faire à ses semblables que du bien, et à leur en faire le plus possible en toute occasion. Elle est bonne, attentive, indulgente ; elle aime et se fait aimer. Elle préside à toutes les actions du bon citoyen, et lui procure deux choses essentielles au bonheur : le contentement de soi-même, et l'estime publique.

La charité concilie parfaitement l'amour de soi, l'amour des siens, avec l'amour de la patrie, avec l'amour du genre humain. Rien n'est plus conciliant que la charité, parce qu'elle est toujours prête à faire des sacrifices au bien. Elle a du baume pour toutes les blessures, des consolations pour toutes les douleurs.

Elle prend tantôt le nom d'*humanité*, tantôt celui de *philanthropie*, et revêt toutes sortes de formes ; elle est partout bien placée, dans la chaumière comme dans les palais.

Il n'exista jamais de nation plus charitable que la patrie de Vincent de Paule ; mais sa charité n'est point complète : nous faisons du bien, mais nous disons du mal.

CHAPITRE 11. — *Influence de la probité sur le bonheur social.*

L'improbité donne à celui qu'elle domine le remords, l'inquiétude, et souvent l'ignominie; elle donne à la famille un exemple funeste, et menace la propriété d'autrui. C'est contre elle que sont faites la plupart des lois.

Il importe donc au pays de la combattre dans son principe, l'ignorance, et de veiller à ce que tous les citoyens apprennent bien, dès leur enfance, que le mal ne peut conduire qu'au mal; qu'il faut semer du bien pour recueillir du bien ; que l'intérêt de l'homme honnête est toujours d'accord avec son devoir, et qu'on a toujours intérêt à fuir le mal et à ne faire que du bien.

Il importe aussi d'éviter dans les lois tout ce qui pourrait exciter les citoyens *à la fraude*. Qui trompe le fisc trompera le voisin.

La piété et la charité sont les meilleures cautions de la probité.

La probité, la réputation de probité, ne sont pas moins nécessaires à la nation qu'à l'individu, au gouvernement qu'à la nation. La mauvaise foi des Carthaginois, *punica fides*, leur causa de grands maux. Quelques négociants français exportent des produits falsifiés; tout le commerce français en souffre. Hâtons-nous de soumettre à estampille toutes les marchandises qui sortent de

France; le commerce honnête y gagnera, la réputation reviendra; l'estampille, d'ailleurs, procurera un impôt facile à percevoir, un impôt qui permettra d'en alléger d'autres.

Un gouvernement improbe, c'est un professeur de fourberie, un gendarme-voleur.

Plusieurs états de l'union américaine ont résolu de ne pas acquitter les dettes contractées en Europe, érigeant, pour se justifier, le vol et la banqueroute en théorie. Mais le discrédit qui les frappe ne tardera pas à leur faire sentir qu'improbité nuit.

CHAPITRE 12. — *Influence de la tempérance sur le bonheur social.*

La tempérance agit principalement sur la santé publique; mais elle agit aussi sur la richesse sociale et sur la tranquillité des familles.

Les caisses d'épargne et de prévoyance lui font faire des progrès. La loi pourrait punir le délit d'ivrognerie, parce que l'ivresse est un danger pour le public. Pittacus voulait qu'un délit commis dans l'état d'ivresse fût puni doublement. François Ier, par un édit de 1536, punissait le délit d'ivrognerie.

CHAPITRE 13. — *Influence de la vénération sur le bonheur social.*

Le respect naît de la crainte et de l'amour. L'enfant aime et craint ses parents, parce qu'il en a besoin. La *piété filiale* est la source de toute vénération. L'enfant s'accoutume à respecter ce que ses parents vénèrent, à mépriser ce qu'ils méprisent, car il est essentiellement imitateur. Son âme se nourrit de préceptes et d'exemples, d'exemples surtout, et l'exemple de ses parents est celui qui domine ; les mœurs domestiques sont l'air qu'elle respire.

Un père qui donne à son enfant l'exemple de la désobéissance aux lois et à l'autorité doit s'attendre à n'être pas obéi. Le fils qui ne respecte pas son père ne respecte rien : c'est un mauvais sujet. Il sera pour sa famille un fléau, pour sa patrie un mauvais citoyen.

L'enfant, au contraire, qu'on a nourri de bons exemples et de bons préceptes, fait honneur à ses parents et à sa patrie.

Législateurs, songez à la vénération ! songez que l'homme qui ne respecte rien est ingouvernable !

Chapitre 14. — *Influence de l'amour du devoir sur le bonheur social.*

L'amour du devoir maintient le citoyen dans la ligne droite. Celui qui remplit tous ses devoirs d'homme et de citoyen contribue au bien général autant qu'il dépend de lui. L'accomplissement du devoir est comme une forteresse du haut de laquelle on résiste, presque toujours avec avantage, aux attaques des méchants. *Fais ce que dois, advienne que pourra.*

CHAPITRE 15. — *Comment on peut corriger les mœurs.*

« Les lois sont des institutions précises et par» ticulières du législateur ; les mœurs et les ma» nières, des institutions de la nation en général.
» De là il suit que, lorsqu'on veut changer les
» mœurs et les manières, il ne faut pas les chan» ger par les lois : cela paraîtrait trop tyranni» que ; il vaut mieux les changer par d'autres
» mœurs et d'autres manières.... En général, les
» peuples sont très attachés à leurs coutumes ; les
» leur ôter violemment, c'est les rendre malheu» reux. » (*Esprit des lois*, liv. 19.)
Eclairez les hommes sur leurs véritables intérêts ; marquez-leur bien le but auquel ils tendent tous : le bonheur ; prouvez-leur qu'un seul chemin peut y conduire : la vertu. Démontrez-leur que la vertu n'est pas un vain mot ; qu'elle n'est pas inaccessible aux mortels ; qu'elle n'est pas ennemie des plaisirs ni des honneurs ; qu'elle consiste simplement dans l'accomplissement de tous nos devoirs. Faites-leur bien comprendre, et par le raisonnement et par les exemples, que ce mot *devoir*, dont on fait à tort un épouvantail, n'est autre chose que ce qu'on *doit* faire pour arriver au bien-être et s'y maintenir... Les mœurs s'épu-

reront elles-mêmes, et la morale pratique répandra sur tout le corps social ses bienfaits vivi-
fiants.

La corruption tomba du trône sur les grands,
des grands sur la classe moyenne, et de la classe
moyenne sur les classes inférieures. L'épuration
doit venir aussi d'en haut.

> Regis ad exemplar totus componitur orbis.
>
> JUVÉNAL.

« Heureux le peuple qui peut imiter ceux qu'il
» est obligé de respecter, qui apprend dans leurs
» exemples à obéir à leurs lois, et qui n'est pas
» contraint de détourner ses regards de ceux à
» qui il doit des hommages ! » (MASSILLON.)
Que la chaire s'occupe moins du dogme et
beaucoup plus de morale ; que la tribune accorde
aux intérêts moraux le même soin qu'aux intérêts
matériels ; que la magistrature ne se lasse point de
flétrir la fraude, la corruption, la calomnie ; que
la presse leur vienne en aide avec son levier puissant : le grand œuvre de la moralisation des masses pourra bientôt s'opérer, sous l'influence de
l'instruction morale et religieuse, qui épure dans
son principe la génération appelée à nous succé-
der. C'est aux mœurs surtout à corriger les mœurs.

TITRE III. — DE L'ÉDUCATION.

CHAPITRE 1er. — *Que doit comprendre l'éducation d'un citoyen.*

L'éducation se divise en cinq branches : l'*éducation physique*, dont le but est de corriger les défauts du corps, de perfectionner les sens et la santé ; l'*éducation morale*, de faire connaître, aimer et remplir tous les devoirs d'homme et de citoyen ; l'*éducation intellectuelle*, de développer l'intelligence, afin que la raison distingue plus sûrement le bien du mal ; l'*éducation professionnelle*, de rendre apte à la profession qu'on doit exercer ; l'*éducation politique*, enfin, qui doit faire comprendre, aimer et soutenir les institutions, les lois et le gouvernement du pays.

L'éducation qui réunit toutes ces choses rend le citoyen bon, heureux, utile, sociable, autant que sa conformation naturelle le comporte, autant que l'exige la position qu'il doit occuper dans la société.

CHAPITRE 2. — *Importance sociale de l'éducation.*

Plus on descend l'échelle sociale, moins on trouve, proportion gardée, de bons citoyens, parce que l'éducation est moins soignée. L'homme est pour sa famille et pour son pays un trésor ou un fardeau, suivant l'éducation qu'il a reçue.

Il importe donc à l'état, presque autant qu'à la famille et à l'individu lui-même, que tous les citoyens jouissent des bienfaits de l'éducation.

« Celui qui élève bien son enfant place à gros intérêts; celui qui l'élève mal brûle sa maison. » Qu'y a-t-il de plus heureux que le père d'un bon sujet! Mais qu'y a-t-il de plus malheureux au monde que la mère d'un méchant!

CHAPITRE 3. — *L'éducation est due au citoyen.*

L'homme naît avec le droit de vivre dans la société dont il est membre; avec le devoir d'y bien vivre. Son âme a droit aux aliments aussi bien que son corps : *L'homme ne vit pas seulement de pain.* De quel droit puniriez-vous les fautes qu'un citoyen pourra commettre contre ses devoirs, si vous ne les lui avez fait connaître ?

CHAPITRE 4. — *Par qui est due l'éducation.*

L'éducation est due par les parents; et la nature, l'affection, l'intérêt, la loi, veillent au paiement de cette dette sacrée. Quand les parents ne peuvent, ne veulent ou ne savent pas l'acquitter, il faut que le corps social vienne au secours de l'enfant; n'est-il pas le père des orphelins ?—Mais pourquoi forcer le riche à payer l'éducation du pauvre ?—Parce qu'il lui importe que les pauvres apprennent à respecter les droits d'autrui. «Moins

» il y a de voleurs, moins il y a de volés. » (MONTESQUIEU.)

CHAPITRE 5. — *Quelle est l'éducation due à l'enfant.*

La nature donne à chaque être des organes, des facultés et des ressources proportionnés aux besoins qu'elle lui impose. Le père doit mesurer l'instruction de son fils sur les besoins de la position sociale qui l'attend. S'il en donne trop, il s'expose à le voir rougir de ses parents, rougir de lui-même, et traîner une vie malheureuse au milieu de continuels dégoûts. Ce sera le geai paré des plumes du paon : mal vu des paons, qui le repoussent; mal vu de ses pareils, qu'il a dédaignés. S'il n'en donne pas assez, l'ignorance et l'incapacité de son fils, et peut-être son inconduite, seront pour lui un remords éternel.

CHAPITRE 6. — *Par quels moyens l'éducation agit sur l'homme.*

L'éducation agit sur nous par l'exemple, les préceptes, les peines et les récompenses; elle a pour auxiliaires le temps, la raison, l'expérience et la religion. Un des soins les plus importants du législateur est de veiller à ce que toutes ces choses concourent à porter l'enfant vers le bien; son intérêt, son droit et son devoir, le lui commandent.

Le législateur peut agir sur les exemples par

l'épuration des mœurs ; sur les préceptes, par la direction qu'il imprime aux écoles. Il doit veiller à ce que dans l'application des peines le besoin de correction se concilie toujours avec la dignité de l'homme ; à ce que les récompenses et les peines soient toujours distribuées par l'équité.

De bons exemples et de bons préceptes, secondés par des récompenses et des peines distribuées à propos, domptent le plus mauvais naturel.

J'ai déjà parlé des mœurs et des exemples, je vais parler des préceptes ou de l'instruction. Les préceptes sont les flambeaux de l'esprit. Sénèque a dit avec raison : « Il en est des préceptes comme des graines : ce sont petites choses qui produisent beaucoup. » Et Diderot : « Les sentences sont comme des clous aigus qui enfoncent la vérité dans notre souvenir. »

CHAPITRE 7. — *De l'instruction.*

L'instinct et l'exemple font l'éducation du sauvage ; le père et la mère apprennent à leur enfant à manger, à marcher, à se procurer les choses dont il a besoin, à fuir le mal et le danger ; ils lui transmettent ce que l'expérience et la raison leur ont enseigné.

Dans nos sociétés une telle instruction ne suffirait pas ; un sauvage y serait aussi dangereux qu'une panthère. Il faut servir dans les armées, payer un impôt, user de certains droits, remplir des devoirs, satisfaire des besoins que les habitudes sociales ajoutent aux besoins de la nature : il est indispensable de parler intelligiblement la langue du pays, de savoir lire, écrire, compter, et d'avoir quelques notions des droits et des devoirs sociaux.

Dans les familles aisées, l'enfant acquiert facilement cette instruction, parce que ses parents sont instruits, et peuvent, d'ailleurs, suppléer par des précepteurs à ce qui leur manque de temps ou de lumières. Il suffit, pour ceux-là, que le corps social n'accorde la faculté d'enseigner, qu'aux personnes jugées capables et dignes.

Mais dans les familles où manquent l'instruction, le temps et les moyens d'y suppléer, — et ces familles seront pendant long-temps encore les plus nombreuses, — il faut que le corps social vienne au secours du jeune citoyen; il ne peut le faire qu'au moyen d'écoles publiques.

CHAPITRE 8. — *De l'instruction privée.*

La puissance paternelle veut que l'instruction privée soit libre; mais le corps social veut que tous ses membres apprennent ce qu'il faut savoir pour bien vivre; et, de même qu'il force le père à nourrir son fils, de même il doit le forcer à lui donner l'instruction indispensable pour bien vivre dans l'état auquel il est destiné. En Prusse, on punit les parents du jeune homme illettré; on le punit lui-même par un plus long service militaire.

Le corps social ne peut infliger aux parents une peine, un blâme, que lorsqu'il leur a fourni les moyens de payer leur dette.

CHAPITRE 9. — *De la liberté de l'enseignement.*

La liberté d'enseigner doit être, comme toutes les autres libertés, soumise à des règles, à des conditions, à des limites, que la loi fixe dans l'intérêt général du pays.

Liberté entière d'enseigner le bien, prohibition des mauvaises doctrines : voilà la première de toutes les règles en matière d'enseignement. Supposez qu'il existe un établissement dans lequel on enseignerait le régicide, la désobéissance aux lois, le mépris des saintes écritures, l'athéisme ou l'immoralité : cet établissement devrait être fermé. Le gouvernement national doit avoir dans les lois un moyen prompt et sûr d'empêcher que l'on n'empoisonne la jeunesse.

La première des conditions que doit réunir le citoyen qui se livre à l'instruction, c'est la *moralité*. Celui qui se conduit mal pourrait-il apprendre à d'autres l'art de bien vivre ?

La grande limite de toute liberté, c'est la *loi ;* la soumission aux lois est la première vertu, le premier devoir du professeur, de l'instituteur, du chef de tout établissement d'éducation.

Nul ne doit enseigner avant d'avoir prêté serment d'obéissance et de dévoûment à la constitution, aux lois et au gouvernement du pays; et celui qui manque au serment doit subir la peine du parjure.

Le serment doit interdire à qui le prête la faculté d'enseigner rien de contraire au dogme de l'existence de Dieu, de l'immortalité de l'âme, rien de contraire à la morale.

Chapitre 10. — *De l'instruction publique.*

L'instruction publique doit être organisée de manière que tous les citoyens reçoivent l'éducation dont ils ont besoin pour bien vivre dans la position sociale qui les attend ; qu'ils puissent recevoir cette instruction au gré de leurs parents, soit dans leur famille, soit dans les écoles publiques, et qu'ils la reçoivent gratuitement, si leurs parents sont pauvres. Il faut aussi que l'enseignement des écoles varie suivant les besoins des diverses professions ; mais que dans toutes on donne un soin égal à l'éducation morale et à l'éducation politique, afin que les citoyens de tous états, imbus des mêmes principes, apprennent à s'aimer, à s'estimer, à se traiter comme des frères, comme les enfants de la même patrie.

L'instruction publique veille sur l'enfant, sur l'adulte, sur le jeune homme, et prépare au pays de bons citoyens , de bons défenseurs , de bons travailleurs, des artistes et des savants.

Chapitre 11. — *Des salles d'asile.*

Les salles d'asile reçoivent l'enfant du pauvre , de 2 à 6 ans , et remplacent les soins maternels pendant les heures du travail. Admirable institution, qui réduit de moitié les chances de mortalité parmi ces enfants, et prépare au pays une jeunesse plus nombreuse, plus saine, plus morale ! Honneur à Mme de Pastoret, à la fondatrice des salles d'asile !

Chapitre 12. — *Des écoles primaires.*

A côté des salles d'asile , on doit établir dans chaque commune des écoles primaires, où l'instruction morale et religieuse , la langue nationale, la lecture, l'écriture, le calcul, le dessin linéaire, la gymnastique et le chant, sont enseignés gratuitement.

Il ne doit pas y avoir dans le corps social un seul membre qui n'ait appris ces choses, indispensables pour bien vivre en société.

Le ministre des cultes doit aux écoles primaires l'instruction morale et religieuse ; l'autorité municipale leur doit une surveillance paternelle. Mais il faut toujours que l'autorité supérieure tienne la main à ce que l'instruction primaire soit partout dirigée dans le sens du bien général , et ne soit jamais sacrifiée à des intérêts de corps ni à des préjugés de localité.

L'enfant ne doit quitter l'école qu'après examen; s'il en sort avant d'avoir appris, mieux eût valu qu'il n'y fût pas entré.

CHAPITRE 13. — *Des adultes.*

Les salles d'asile et l'école primaire ont jeté dans l'enfant du pauvre le germe d'une bonne éducation; mais si l'adulte, livré à lui-même, n'entend plus répéter de bons préceptes, les mauvais exemples triompheront... Les écoles d'adultes sont aussi nécessaires que les écoles primaires. L'instituteur et le curé doivent s'entendre pour que l'enseignement ne nuise pas à l'apprentissage, et le pouvoir municipal doit veiller à ce que l'école soit bien tenue, l'instruction bien dirigée.

CHAPITRE 14. — *De l'instruction secondaire.*

L'instruction secondaire est mauvaise si elle est la même pour le citoyen qu'on destine à la magistrature que pour celui qu'on destine au commerce, à l'industrie, aux arts ou aux sciences.

Il faut des colléges spéciaux, des colléges professionnels; il faut que dans ces colléges la littérature et les langues mortes ne soient qu'accessoires. — Mais tous les colléges, sans exception, doivent être sous la surveillance du ministre de l'instruction publique, parce que tous doivent former des citoyens soumis aux lois et à l'autorité du pays.

L'instruction secondaire ne doit être gratuite que pour les élèves qui méritent ou dont les parents ont mérité une honorable exception.

La plus parfaite égalité doit régner entre les colléges, entre les professeurs, entre les élèves.

L'enseignement philosophique doit être partout le même ; il ne doit comprendre que les vérités incontestées : l'anarchie des idées prédispose aux troubles civils.

CHAPITRE 15. — *De l'instruction supérieure.*

Il fut un temps où la science était réservée à des classes privilégiées ; mais le temps des priviléges est passé. La science aujourd'hui, comme le soleil, brille pour tous les hommes, et chacun puise librement à la source commune, suivant la capacité de son intelligence. On dit que la diffusion des lumières a des inconvénients ; le feu n'en a-t-il pas aussi ? Faudrait-il y renoncer pour éviter les incendies ? Non ; mais il ne faut rien négliger pour diminuer le nombre et le ravage des incendies. Veillez à ce que la morale religieuse, lumière des lumières, se propage de plus en plus ; la science alors produira de bons fruits sans mélange.

CHAPITRE 16. — *De l'éducation des filles.*

L'intérêt de la jeune fille est d'apprendre tout ce qu'il faut qu'elle sache pour bien remplir ses devoirs, pour éviter les périls qui assiégent sa faiblesse, et résister aux entraînements de la sensibilité; l'intérêt de ses parents est le même ; l'intérêt de son époux, de ses enfants, sera le même un jour. L'éducation maternelle est comme une source qui purifie ou corrompt l'avenir de l'enfant. Une mère saine et forte donne à l'état des citoyens sains et forts; une mère non vertueuse a rarement des fils honnêtes. L'histoire de Coriolan, des Gracques, de saint Augustin, de sainte Clotilde, prouvent l'influence d'une mère, d'une épouse, d'une sœur, d'une amie, sur les destinées des plus grands hommes, et l'intérêt du corps social à surveiller l'éducation des filles.

TITRE IV. — ACTION DES MOEURS SUR L'ÉDUCATION ET DE L'ÉDUCATION SUR LES MOEURS.

CHAPITRE 1ᵉʳ. — *Action des mœurs sur l'éducation.*

Les mœurs du pays, les mœurs de la famille surtout, influent sur l'éducation du jeune citoyen; et son éducation détermine les mœurs de sa vie entière.

Les mœurs du corps social pénètrent dans l'éducation par les exemples , par la conversation, par la fréquentation d'autres enfants , par la littérature , par le théâtre , et de mille autres manières ; quand elles sont impures , il faut des soins continuels pour préserver l'enfant de leur contagion.

CHAPITRE 2. — *Moyens de préserver l'enfant de la contagion.*

Avant que l'immoralité ait atteint les jeunes organes de l'enfant , il faut graver dans son cœur les principes de la morale ; et, pour les graver en caractères ineffaçables, il faut prouver à sa raison, par l'exemple des personnes qu'il connaît, que celles qui se conduisent bien sont heureuses, et que les autres ne le sont pas. Quand l'enfant a bien compris l'*utilité du devoir*, quand on lui a donné l'habitude de l'aimer et de le remplir , on peut le maintenir dans les bonnes voies , pourvu qu'on ne laisse jamais aux mauvaises habitudes le temps de s'établir aux dépens des bonnes.

CHAPITRE 3. — *Moyens de guérir l'enfant atteint d'immoralité.*

Il est beaucoup plus difficile de guérir le mal que de le prévenir ; mais ce n'est pas impossible. Quand l'enfant se noie, il faut venir à son secours.

La sévérité peut moins que la douceur ; mais l'une et l'autre ont besoin du secours de la religion. Le principe du bien peut seul combattre efficacement le mal dans son principe. Une douce philosophie, qui puiserait sa force dans les trésors de la miséricorde et de la justice divines, parviendrait à purifier l'enfant le plus perverti. Mettray nous l'a prouvé : sur 56 jeunes condamnés placés dans le monde à l'expiration de leur peine, 50 se conduisent bien ; 6 seulement ont eu le malheur de retomber dans l'abîme.

CHAPITRE 4. — *On peut refaire soi-même son éducation.*

Il arrive souvent qu'un jeune homme, éclairé sur les vices de son éducation, la refait ou la complète lui-même ; il arrive à d'autres, au contraire, de perdre, au sortir de l'adolescence, tous les fruits d'une excellente éducation. Voyez Socrate ! voyez Néron !

Malheureusement la faculté de refaire son éducation est presque interdite aux classes qui en auraient le plus besoin. L'enfant du pauvre, condamné par la nécessité à un travail qui dévore son temps, loin de pouvoir refaire son éducation, laisserait périr, faute de culture, les germes que l'instruction primaire avait jetés dans son esprit, si les écoles d'adultes et les pratiques religieuses ne venaient à son secours.

CHAPITRE 5. — *Action de l'éducation sur les mœurs.*

L'éducation du jeune citoyen détermine ses mœurs et sa vie entière. La vie sociale est un syllogisme perpétuel : la conduite est le corollaire des idées ; de bons principes amènent de bonnes conséquences : voilà pourquoi entre les mœurs et l'éducation existent une action et une réaction continuelles , que le corps social , le gouvernement, la famille et l'enfant, ont toujours intérêt à diriger vers le mieux. Il importe à l'enfant de recevoir une bonne éducation ; il importe à sa famille qu'il soit bon sujet ; à l'état , qu'il soit bon citoyen ; à l'humanité , qu'il soit homme de bien.

LIVRE TROISIEME.

DU BONHEUR SOCIAL.

La vraie politique est de rendre la vie commode et les peuples heureux.

(BOSSUET.)

TITRE I. — DU BONHEUR SOCIAL ET DE SES ELÉMENTS.

CHAPITRE 1er. — *Tout peuple aspire au bonheur.*

Tout peuple éprouve le besoin d'être heureux;
sa volonté, son droit et son devoir, réclament sans
cesse la satisfaction de ce besoin, auquel se rapportent tous ses autres besoins. (Pages 9, 11, 17
et 18.) Le bonheur social est le but unique des
vœux du pays, de son gouvernement, de ses lois,
de toutes ses institutions et de tous ses efforts :
Beatitudo civilis finis est omnium civitatum. Ainsi
toutes les nations aspirent toujours au bien, au
mieux; mais toutes, hélas! sont exposées à prendre le mal pour le mieux.

CHAPITRE 2. — *Ce qu'on entend par bonheur social, bien public, ou bonheur général.*

Le bonheur d'un peuple est la somme du bien-
être matériel et moral dont jouissent les citoyens

qui le composent; ainsi le pays le plus heureux est celui dans lequel, relativement, le nombre des misères est inférieur. L'Angleterre compte un indigent sur 7 habitants; la France, un sur 22 : le Français est donc plus heureux que l'Anglais.

Le bonheur est relatif aux besoins : ce qui faisait le bonheur de l'enfant ne suffit plus à l'homme; ce qui fait le bonheur des Etats-Unis ferait peut-être le malheur de la France.

Le temps change les conditions du bien-être, parce qu'il modifie les besoins : ce qui rendait la France heureuse sous Henri IV serait insuffisant aujourd'hui.

CHAPITRE 3. — *Quelles choses sont indispensables au bonheur social.*

Il y a six choses sans lesquelles un peuple ne peut être heureux : l'indépendance nationale, la santé publique, la sécurité, l'abondance, la paix, et la stabilité.

Pour en jouir, il faut un territoire suffisant, de bonnes mœurs, de bonnes lois, et un bon gouvernement; ce n'est pas tout : il faut encore *vouloir*, *pouvoir* et *savoir*. Il n'existe pas un peuple qui ne veuille; mais plusieurs ne peuvent, à cause de leur faiblesse ou de leur territoire; aucun ne sait.

CHAPITRE 4. — *De l'indépendance nationale.*

L'indépendance d'un peuple consiste dans le droit de se faire gouverner comme il veut. Ce droit est inaliénable ; mais la nation perd quelquefois la faculté d'en user, et alors elle n'est qu'une peuplade livrée au bon plaisir d'un maître, qui, de près ou de loin, dicte ses volontés. Quand ces volontés sont bonnes, l'esclave est heureux, — du bonheur de l'esclave ; quand elles sont mauvaises, il souffre ou se révolte. Un peuple est libre quand il n'obéit qu'à ses lois. « L'indépendance est pour le corps social ce que » la santé est pour l'individu. Si l'homme perd la » santé, il ne jouit plus d'aucun plaisir au monde ; » si la société perd l'indépendance, elle languit et » ne connaît plus de bonheur. » (BOLINGBROKE.)

Il n'est point de sacrifice qu'un peuple ne doive s'imposer pour conserver ou reconquérir son indépendance ; il doit, surtout, n'en user jamais de manière à la compromettre.

L'honneur et la dignité d'un peuple sont les sentinelles avancées de son indépendance ; la gloire militaire en est le gardien ; mais le dépôt sacré de l'indépendance, de l'honneur, de la dignité, de la gloire du peuple, est confié aux pouvoirs sociaux, et, en dernière analyse, au chef de l'état. Si ce chef manque de force, ou s'il n'est pas respecté par les citoyens, comment fera-t-il respecter au dehors l'honneur national, personnifié en lui ? Louis XIV et Napoléon portaient haut la dignité nationale, parce qu'ils étaient forts chez eux.

L'indépendance nationale est garantie au dedans par la constitution et les lois, au dehors par le pouvoir exécutif, armé de toutes les forces et de toutes les ressources du pays.

Le fer, le plomb, l'airain, le salpêtre, les bois de marine, les armes, les chevaux, et toutes les choses nécessaires à la défense de l'état, doivent être l'objet d'une législation spéciale. Il faut que la liberté du commerce plie devant la nécessité de conserver intacte l'indépendance nationale, mère et tutrice de toutes les libertés.

CHAPITRE 5. — *De la santé publique.*

La santé des citoyens est la principale force et la principale richesse de l'état ; il faut donc que le législateur y veille avec le plus grand soin. Les lois sur les céréales, sur les boissons, le sel, le sucre et les autres objets qui agissent en bien ou en mal sur la santé publique, méritent une attention particulière.

La durée moyenne de la vie des citoyens est un des plus sûrs thermomètres du bonheur social.

Le desséchement des marais, les défrichements, la distribution des eaux, l'éducation publique, l'organisation du travail, et la pureté des mœurs, exercent une grande influence sur la santé publique.

CHAPITRE 6. — *De la sécurité.*

La sécurité protége et encourage l'agriculture, le commerce, l'industrie, les arts et les sciences. Quand elle s'éloigne, on vit au jour le jour, on travaille moins, on enfouit ses économies; la richesse ne circule plus; de là, ces gênes commerciales, si fécondes en malheurs privés, si funestes au bien public. Quand la sécurité revient, elle ramène le travail et la prospérité. Mais hélas! un instant suffit pour la mettre en fuite; il faut des années pour la rappeler!

La sécurité n'est complète que lorsqu'elle s'étend sur les personnes et sur les choses. La sécurité des personnes prend le nom de *liberté;* la sécurité des choses, celui de *propriété.* La liberté, la propriété, la justice, également essentielles au bonheur des hommes, ne peuvent subsister que sous la sauvegarde des lois et du gouvernement.

Le corps social a toujours intérêt à faire tous les sacrifices qu'exige le maintien de la sécurité publique, au dedans et au dehors; ces sacrifices, quelque grands qu'ils puissent être, sont toujours compensés par le bien-être général qu'elle procure.

L'habileté des gouvernants peut faire tourner

au profit de la sécurité les choses même qui sembleraient devoir l'ébranler : en Angleterre, la dette publique, cet énorme fardeau, relie tout le peuple dans un même intérêt. Au lieu d'une dette en *rente*, supposez une dette ordinaire, exigible, tous les trésors d'Albion seraient insuffisants pour empêcher la banqueroute, et la banqueroute serait la mort de l'empire britannique.

J'ai déjà parlé de la propriété (page 65); mais on ne saurait trop répéter que la propriété, fruit du travail, est sacrée comme la personne qu'elle nourrit ; qu'attaquer la propriété ou le droit de propriété, c'est attaquer non seulement les propriétaires, mais encore les citoyens qui travaillent à le devenir ; c'est attenter à la *liberté* de jouir des fruits de son travail ; c'est chasser la *sécurité ;* c'est blesser le bonheur social. N'oublions jamais que la Convention nationale décréta la peine de mort contre quiconque proposerait la loi agraire !

Chapitre 7. — *De la liberté.*

> O Liberté ! que de crimes on commet en ton nom !
>
> (*Dernières paroles de Mad. Roland.*)

Le corps social, pour protéger tous ses membres, dit à chacun : « Tu es libre de faire ta vo-
» lonté, pourvu que tu ne nuises à personne ; si
» tu nuis, je te punirai ; si l'on te nuit, je te ven-

» gerai : que nul donc ne se fasse à lui-même jus-
» tice. »

La liberté de chacun a pour limite le droit de tous. Cette limite ne gêne que les mauvais, et ne les gêne qu'en tant qu'ils voudraient mal faire : le bien reste libre.

La loi pose la limite, l'avance ou la recule, suivant l'exigence des temps et des lieux. Les bons citoyens se tiennent toujours en deçà; les mauvais trouvent toujours moyen d'aller au delà : c'est contre eux que la loi est faite. « Les mauvaises » actions font faire les bonnes lois. » (TACITE.)

Toutes les libertés sont également précieuses; une bonne législation les concilie toutes.

La liberté n'est pas le *but* des sociétés, mais un des *moyens* indispensables pour atteindre à ce but, qui est le bonheur social.

La vraie liberté n'a pas de plus dangereux ennemi que la licence. « Pour remonter de la licence » à la liberté, disait un grand orateur, les peuples » n'ont d'autre chemin que la tyrannie. »

Il y a deux sortes de libertés : l'une *prend racine sur les débris de cadavres et se nourrit de sang et de larmes*, comme disait Mirabeau; c'est de cette liberté qu'un ancien a dit : *Summa libertas maximæ atque immanissimæ mater est servitutis :* la France en a fait l'expérience en 93. L'autre liberté, appuyée sur les lois, sur la justice et le bon ordre, permet aux signataires des ordonnances de 1830 de vivre en paix sur une terre que leur faute avait arrosée de sang; permet aux amis du Prétendant de porter sans crainte à ses pieds les hommages d'une fidélité que la nation respecte, parce qu'elle n'a aucun sujet de la redouter.

Plus on laisse aux citoyens de liberté, plus il faut de précautions contre la licence; voilà pourquoi, depuis 1830, plusieurs lois restrictives sont devenues indispensables. « Les émeutes retardent les progrès de la liberté. » (GARNIER-PAGÈS, 1ᵉʳ décembre 1832.)

CHAPITRE 8. — *De l'abondance.*

L'abondance est un des éléments du bien-être, d'autant plus précieux qu'il peut procurer ou augmenter les autres. L'abondance facilite au pays les moyens de veiller à son indépendance, et de la défendre envers et contre tous; elle agit sur la santé publique : les années de disette sont des années de mortalité; elle favorise l'accroissement de population : le nombre des mariages et des naissances augmente quand baisse le prix des céréales; elle est favorable à la sécurité, car le nombre des crimes augmente quand elle diminue; à la paix intérieure, puisque la disette est un levier révolutionnaire; à la paix extérieure, puisqu'elle donne de quoi l'acheter ou la conquérir; à la stabilité, car le peuple qui jouit de l'abondance veut en jouir paisiblement.

Voilà pourquoi l'*économie politique* prend une si

grande importance à mesure que la civilisation fait des progrès.

Nous sommes déjà bien loin du temps où Machiavel conseillait de ruiner les pays conquis, pour les gouverner plus facilement ! Sous l'autorité paternelle du petit-fils de l'Anti-Machiavel, les provinces rhénanes jouissent d'une abondance qui les console de ne plus faire partie de la France ; tandis que l'Irlande, ruinée par l'Angleterre, fait des efforts inouïs pour briser ce que Byron appelait énergiquement *l'union du requin avec sa proie.*

De l'abondance répandue naît une abondance plus grande, et la richesse est comme une échelle que les nations montent ou descendent, suivant le génie qui les guide. L'Espagne était parvenue au sommet, elle est descendue ; mais elle remontera quand elle aura un gouvernement normal.

Un peuple est dans l'abondance quand il produit au delà de ses besoins ; mais pour que l'abondance ait ses heureux effets, il faut qu'elle ne soit pas trop inégalement divisée. Quand la répartition est trop inégale, une partie de la population meurt de faim, et les riches sont en danger. Le corps social qui se trouve dans cette position est malheureux, quelles que puissent être ses richesses. Il doit s'efforcer d'en sortir, mais sans attenter aux droits acquis. Il le peut : qu'il établisse l'égalité entre héritiers ; qu'il abolisse tous priviléges et tous droits protecteurs ayant pour but d'enrichir, non le pays, mais quelques privilégiés ; qu'il lève, enfin, tous obstacles à la circulation des biens : l'abondance alors répandra ses bienfaits sur toutes les parties de la nation.

L'Angleterre ne sera tranquille que lorsqu'elle aura pris ces grandes mesures ; jusque là, toute l'habileté de ses gouvernants ne lui donnera que des palliatifs.

Plus la civilisation avance, moins la famine est à craindre, quoique la population augmente, parce que l'industrie multiplie les moyens de produire.

Le législateur doit veiller à ce que le pays soit toujours abondamment pourvu de toutes les choses de première nécessité. (Voy. p. 81 et suivantes, *De la richesse nationale.*)

CHAPITRE 9. — *De la paix.*

La paix est essentielle au bonheur ; la paix est l'état normal des nations, la source et la base de leur prospérité ; la paix des nations est un des points de mire de la civilisation. L'état de guerre est un retour à l'état sauvage.

La guerre est une maladie qui compromet non seulement le bonheur, mais souvent l'existence du corps social. Quelquefois elle est nécessaire *pour obtenir une paix solide :* car l'un des meilleurs moyens de conserver la paix, c'est de se tenir prêt à combattre : *Si vis pacem, para bellum.* Mais la guerre ne doit jamais être un but.

La guerre civile est pire que la guerre extérieure. *Concordiá res parvæ crescunt*, dit Salluste, *discordiá maximæ dilabuntur.* Un des plus grands malheurs des guerres civiles, c'est qu'elles bouleversent la morale : ce qui est vertu dans un camp est crime dans l'autre. Quelle force peut avoir un peuple qui se déchire de ses propres mains?

Ainsi les vrais amis du peuple font tous leurs efforts pour conserver la paix et l'union, sans lesquelles il ne peut y avoir de bonheur social.

« Plusieurs princes », disait Marie Leczinska, « ont regretté, à la mort, d'avoir fait la guerre ; » nous n'en voyons aucun qui se soit repenti alors » d'avoir aimé la paix. »

CHAPITRE 10. — *De la stabilité.*

Quand les membres sont agités, comment le corps serait-il calme? Et quand le corps est agité, quel membre peut être paisible? L'instabilité des institutions est au corps social ce qu'est à l'homme l'insomnie.

Lycurgue, après avoir donné ses lois, s'exila pour ne plus y toucher; et Charondas voulut « que » celui qui proposerait un changement aux lois » antiques se présentât la corde au cou, afin d'ê-» tre étranglé si sa proposition était rejetée. »

L'abondance, la paix et la stabilité, forment le piédestal de la félicité publique.

La stabilité n'exclut pas le progrès; elle doit, au contraire, le rendre plus facile et plus sûr. La nation, comme l'individu, a besoin de se mouvoir ; mais il faut que l'ordre préside à sa marche. Le désordre et les secousses retardent le progrès ; B. Constant, peu de temps avant sa mort, écrivait ces mots : « Ce n'est que par la liberté, la justice, *l'amélioration graduelle de ce qui est, non par la substitution violente de ce qu'on croit devoir être*, que les perfectionnements peuvent s'introduire et que la justice et la liberté peuvent s'établir. »

Chapitre 11. — *Du salut public.*

Le salut public fut toujours le prétexte des crimes politiques.

La patrie est en danger quand elle est menacée par un ennemi puissant, à l'intérieur ou à l'extérieur. A l'intérieur, le danger n'est réel que dans le cas où le sceptre des lois est brisé. Le seul remède alors est de rendre aux lois toute leur autorité : *In legibus salus.* Contre un danger extérieur, il n'y a qu'un moyen de salut : présenter à l'ennemi l'impénétrable phalange d'un peuple entier, prêt à périr plutôt que de perdre son indépendance. Dans ces moments terribles où la vie d'un peuple est compromise, une *dictature* est inévitable. Quand le chef de l'état est doté de pouvoirs suffisants pour sauver la patrie, le danger est moins grand que s'il faut tout improviser.

Tout dictateur joue sa tête et son honneur : s'il réussit, il a bien mérité de la patrie ; mais, s'il échoue c'est un traître ou un tyran. Le 18 brumaire, peu s'en fallut que Bonaparte ne fût un Catilina !

Chapitre 12. — *Combinaison des éléments du bien-être.*

Les éléments du bonheur social ont entre eux une liaison intime qui fait que tous souffrent quand un seul est altéré, parce que tout se tient dans une nation. Exemples ; que l'indépendance nationale soit compromise : la sécurité s'en va ; l'abondance diminue, la paix et la stabilité sont ébranlées ; que la paix soit troublée, tout est mis en question.

Les éléments du bonheur social agissent et réagissent les uns sur les autres, et se multiplient en quelque sorte les uns par les autres : quand l'abondance augmente, la sécurité augmente ; quand la sécurité augmente, le travail et l'abondance augmentent aussi.

Quand les divers éléments sont combinés de manière à satisfaire tous les besoins matériels et moraux du pays, le plus grand nombre possible des citoyens jouit du plus grand bonheur possible, et le but de l'économie sociale est atteint.

Chapitre 13. — *Comment sont garantis les éléments du bonheur social.*

Les six éléments du bonheur social se garantissent mutuellement, et reposent sur trois bases invariables : bonnes mœurs, bonnes lois, bon gouvernement.

———

TITRE II. — DES CHOSES QUI EMPÊCHENT OU ALTÈRENT LE BONHEUR SOCIAL.

CHAPITRE 1ᵉʳ. — *Maux auxquels est exposé le corps social.*

Le corps social est sujet à tous les maux de l'humanité : insalubrité du sol ou du climat, attaques des animaux malfaisants, intempérie des saisons, tremblements de terre, famine, peste, inondations, incendies, etc. A ces fléaux naturels l'homme ajoute les discordes, les révolutions, la tyrannie, la guerre, les mauvais gouvernements, l'ignorance, les abus, la misère, le vice, le crime, etc. « Le plus grand ennemi de l'homme, c'est l'homme. » (V. p. 7.)

Ces maux se combinent dans des proportions différentes, et portent une atteinte plus ou moins profonde au corps social, suivant leur intensité, leur fréquence et leur durée. La prévoyance en évite quelques uns, et diminue les ravages de ceux qu'elle ne peut conjurer.

Chaque mal a son principe, et c'est dans ce principe qu'il faut le combattre; chacun a ses symptômes, son remède, ses palliatifs. L'économie sociale fournit les moyens de connaître le mal, sa cause, ses effets, ses symptômes, et les remèdes par lesquels on peut le guérir ou le tempérer.

Le législateur est le médecin du corps social ; mais, si le médecin veut agir les yeux fermés, il risque de tuer au lieu de guérir. Un législateur agit les yeux fermés quand il manque de statistique, ou qu'il ignore l'économie politique, l'histoire ou le droit. (V. p. 2.)

CHAPITRE 2. — *Symptômes de malaise social.*

Le malaise social se manifeste de mille manières, suivant les lieux, les temps, les mœurs ; suivant l'élément de bien-être altéré ; suivant que l'altération est plus ou moins profonde, plus ou moins prolongée.

Les symptômes ordinaires sont l'émigration, le décroissement de population, l'augmentation du nombre des indigents ou des criminels, les crises commerciales, les émeutes, les conspirations, la difficulté de lever l'impôt ou de faire exécuter les lois. Il n'y a qu'un moyen de mettre fin au malaise social qui se manifeste : c'est d'en faire cesser les causes.

Le livre des pauvres est un des plus sûrs thermomètres de la prospérité publique ; le moindre changement survenu dans les éléments du bien-être social augmente ou diminue le chiffre des indigents. En 1830, le 1ᵉʳ arrondissement de Paris comptait 1,641 ménages inscrits ; la commotion politique en ajouta 275 ; le choléra, 186. En 1840, les craintes de guerre avaient porté le chiffre à 2,290 ; l'année suivante, il descendit à 1,939... Quand le travail s'arrête, la misère sévit ; le travail s'arrête quand la confiance est ébranlée.

Chapitre 3. — *De l'ignorance.*

L'ignorance engendre l'immoralité, l'imprévoyance, la paresse, le vice, le crime, la superstition, le fanatisme, l'impiété, les préjugés, et presque tous les maux de création humaine. Il faut donc la combattre. Il faut la combattre surtout par les lumières vivifiantes de la morale et de la religion. *Ne mettez pas la lumière sous le boisseau.* (V. p. 37.)

Chapitre 4. — *Des abus.*

L'abus se glisse partout et croît toujours ; il ne faut pas se lasser de le combattre. Chaque arbre a ses insectes, chaque régime ses abus, chaque abus son remède.

N'attaquez un abus qu'à coup sûr, mais ne l'abandonnez pas qu'il ne soit déraciné. N'attaquez pas trop d'abus à la fois, ils présenteraient un faisceau inébranlable : car l'abus est quelquefois le plus fort ; il usurpe alors le titre de *droit acquis.*

Ce qui rend l'abus difficile à guérir, c'est qu'il

n'est généralement bien connu que de ceux qu'il nourrit. Presque toujours ceux qui supportent le moins patiemment un abus sont nourris par un autre; sachez attaquer les abus, vous extirperez les plus invétérés. Mais si vous chargez de les combattre ceux-là même qu'ils alimentent, vous ne réussirez jamais.

CHAPITRE 5. — *Des préjugés.*

L'homme vit de préjugés ; mais parmi les préjugés il en est *d'utiles*, qu'il faut conserver ; d'*indifférents*, qu'il faut dédaigner ; de *dangereux*, qu'il faut combattre.

Il y a deux manières de combattre un préjugé : l'expérience et la réflexion. Bacon prit la première, Descartes la seconde ; l'un rendit service à la science, l'autre à la pensée, qui est la source de toutes les sciences.

CHAPITRE 6. — *Du duel.*

Le duel est un crime aux yeux de la morale et de la religion ; mais si les mœurs l'excusent, l'exigent, la loi ne peut le punir. Il faut attendre que le temps et les lumières aient dissipé ce reste de barbarie, et seconder leur action par tous les moyens possibles. C'est aux bonnes mœurs à corriger les mauvaises.

Ce qu'on appelle encore *affaire d'honneur* sera par nos neveux appelé *déshonorant*.

Commencez par flétrir les témoins : ils sont les plus coupables. En effet, l'offenseur dit : « J'ai » tort ; mais, si j'en conviens, on pourra croire » que la peur m'arrache l'aveu. » L'offensé : « Si » je pardonne, on dira que j'ai eu peur. » Mais les témoins, quelle excuse ont-ils ? qui les forçait à souffrir le combat ? Après que le sang a coulé, ils déclarent *l'honneur satisfait;* que ne le déclaraient-ils avant ?

Quand le duel trouvera dans la société plus d'adversaires que de partisans, la loi finira l'œuvre commencée par les mœurs et la jurisprudence. Honneur au magistrat, honneur à la Cour suprême, qui prirent l'initiative !

Ce n'est pas en punissant de mort celui qui brave la mort qu'on extirpera le duel ; mais en accordant aux victimes des dommages-intérêts, en *flétrissant* le meurtrier et ses complices. L'honneur pousse à combattre !... Il faut que l'honneur, au contraire, détourne du combat, et que celui qui se fait bourreau soit à jamais privé de l'estime de ses concitoyens. Mais hélas ! combien de temps faudra-t-il encore pour que nos mœurs arrivent à flétrir le duel !

TITRE III. — DE LA MISÈRE ET DE LA CHARITÉ.

CHAPITRE 1ᵉʳ. — *De l'indigence.*

L'indigence est un ulcère qui ronge les parties inférieures du corps social. Le guérir est peut-être impossible ; mais on peut diminuer ses ravages en combattant ses causes.

La misère ôte à l'homme sa valeur physique et morale, et le rend pour ses semblables un dangereux fardeau ; c'est l'esclavage le plus cruel et le plus abrutissant.

L'économie sociale veut donc qu'on s'efforce de diminuer par tous les moyens possibles le nombre des indigents, qu'on soulage partout les misères incurables, et qu'on empêche les malheureux de menacer les travailleurs et les propriétaires.

CHAPITRE 2. — *Symptômes et causes de la misère.*

Les principaux symptômes de misère sont 1° la multiplicité des mendiants et des crimes, 2° la prostitution croissante, 3° l'augmentation du nombre des enfants trouvés, 4° la diminution des mariages, 5° une mortalité plus grande, 6° une moindre consommation, 7° les émigrations, 8° le décroissement de population.

Les causes de misère varient suivant les temps, les lieux, et le genre de travail ; elles diffèrent de corps social à corps social, de province à province, d'individu à individu. Les plus générales sont : l'ignorance, la paresse, l'imprévoyance, l'immoralité, les vices, les crimes, les procès; les calamités publiques, la décroissance de la richesse ; la trop inégale distribution de la richesse et des produits sociaux; les révolutions, les discordes civiles, et tout ce qui ébranle la propriété ou la confiance ; les mauvaises lois, un mauvais gouvernement, et tout ce qui altère la sécurité des personnes, des propriétés, du travail; tout ce qui porte atteinte à la stabilité des institutions ; la cherté des subsistances; la baisse des salaires, le prix excessif des loyers, l'insuffisance des débouchés, et tout ce qui nuit à la santé publique; l'accroissement de population, quand le corps social ne sait pas l'utiliser; les besoins factices ajoutés aux besoins naturels ; l'aumône mal dirigée.

CHAPITRE 3. — *Du luxe et de l'usure.*

Le luxe alimente l'industrie, le commerce, les arts ; il peut détruire l'opulence, mais ne crée pas la misère. C'est, au contraire, un canal par lequel la richesse descend du riche au travailleur.

L'usure attaque l'industriel ou le propriétaire, elle dédaigne l'indigent; ses victimes diminuent le nombre des riches, mais augmentent rarement celui des pauvres.

L'honnête citoyen, ne pouvant placer au dessus

du *taux légal*, exige garantie complète. L'emprunteur qui ne peut la lui fournir s'adresse à l'usurier, et l'usurier n'est jamais embarrassé pour éluder la loi. Des précautions sont prises *aux dépens de l'emprunteur*, en sorte que le *taux légal* ruine ceux qu'il veut protéger.

CHAPITRE 4. — *De la mendicité.*

Celui qui, dans son enfance, a reçu l'éducation nécessaire pour bien vivre en société; qui trouve ensuite du travail et un salaire suffisant; qui a pu verser en lieu sûr les économies qu'il a dû faire; qui trouve asile et secours, en cas de maladie; celui-là, s'il mendie, est coupable et doit être puni. Mais le corps social n'a droit de sévir contre la mendicité que lorsqu'il a rempli ses devoirs envers tous ses membres.

Une loi d'Amadis condamnait à mort celui qui ne justifiait pas de moyens d'existence; au lieu de le faire périr, nous le condamnons à *travailler pour vivre.*

CHAPITRE 5. — *Remèdes contre la misère.*

Accroître la richesse nationale; en faciliter l'expansion et la circulation; multiplier les écoles, les caisses d'épargne et les colonies agricoles; encourager le travail et la vertu; combattre la paresse et le vice; éclairer les citoyens sur leurs véritables intérêts; multiplier les travaux publics,

autant que le permettent les ressources de l'état ;
bien diriger la charité publique et privée : tels sont
les moyens de réduire la misère.

Chapitre 6. — *De la charité privée*.

La loi prohibe la mendicité, pour éviter que
l'escroc ou l'assassin ne se couvrent des haillons
du mendiant pour consommer plus facilement les
crimes dont ils vivent. Mais elle ne prohibe pas
l'aumône ; elle doit au contraire l'encourager et
seconder son action, en donnant un centre à ses
efforts. L'aumône est la manne du ciel qui tombe
sur les pauvres ; c'est leur pain quotidien : oublier
les pauvres, c'est s'oublier soi-même, c'est oublier l'humanité. (V. p. 113.)

La charité se fortifie par l'association ; gardez-
vous de gêner son action ; chacun doit rester libre
de faire le bien comme il l'entend. Elle s'égare
quelquefois, il faut l'éclairer. On la voit répandre
ses trésors dans les prisons ; la vertu souffrante
est alors déshéritée par le crime, et la loi pénale
désarmée ! Pour éviter les inconvénients qui peuvent résulter d'une aumône mal placée, il faudrait
ne soulager que les misères que l'on est sûr de
bien connaître.

La charité privée doit suffire pour alimenter la
charité publique, parce que les morts viennent au
secours des vivants.

Chapitre 7. — *De la charité publique.*

L'autorité doit intervenir dans toutes les œuvres de charité publique, non pour distribuer, mais pour veiller à ce que la distribution s'opère conformément aux volontés des bienfaiteurs, et de la manière la plus utile aux malheureux. La charité publique doit secourir les vieillards, les incurables, les pauvres, blessés ou malades; donner asile aux malheureux, du travail à ceux qui en manquent, et des secours à domicile. Elle doit être organisée, dans chaque fraction du territoire, de manière à pourvoir le mieux possible à tous ces besoins, sans trouble ni discontinuation.

Chapitre 8. — *Des hospices et hôpitaux.*

On reproche aux asiles du malheur d'encourager l'imprévoyance ; on peut aussi reprocher au soleil de faire croître la ciguë ! L'imprévoyance n'est pas la cause unique de la misère. Un incendie, une chute, une maladie prolongée, dévorent toutes les ressources de l'homme le plus laborieux, le plus économe, le plus honnête. Il faut au malheur un refuge, mais il faut veiller à ce que l'abus ne dévore pas le bien des pauvres. Payer les riches avec l'argent des pauvres, c'est commettre une iniquité.

Chapitre 9. — *Asiles et Ouvroirs.*

Le loyer, dans les villes surtout, est une massue qui, tous les trois mois, frappe le pauvre et l'empêche de sortir du gouffre de la misère. Chaque arrondissement devrait avoir un asile pour les citoyens qui ne peuvent payer location. Cet asile donnerait au travailleur le temps d'accumuler quelques économies, et serait soumis à un règlement tel, que le travailleur eût toujours le désir d'en sortir, dès que sa position le lui permettrait. Dans chaque asile serait un chauffoir pour les vieillards qui, chez eux, manquent de combustible; un ouvroir pour donner du travail aux ouvriers qui n'en ont pas.

Chapitre 10. — *Secours à domicile.*

L'organisation d'un bureau de bienfaisance dans chacune des plus petites circonscriptions du territoire est une chose admirable. Celui qui craint de mal placer une aumône la dépose au bureau, qui fait, entre les indigents de la commune, la répartition la plus équitable. Au lieu de donner à votre porte, donnez au bureau; vous vous évitez l'aspect hideux et le concours dangereux des mendiants.

Mais le bureau de bienfaisance doit être composé des hommes les plus vertueux et les plus éclairés, et le pasteur devrait toujours en faire partie. Si vous excluez le pasteur, comme on ne peut lui interdire la charité, il y aura deux bureaux au lieu d'un : celui de la commune et celui de la paroisse. L'unité vaudrait mieux. (V. p. 98.)

TITRE IV. — DES CHOSES QUI HATENT LES PROGRÈS DU BONHEUR SOCIAL.

> Soyez parfaits comme votre père céleste est parfait. (*Discours sur la Montagne*, v. 48.)

CHAPITRE 1ᵉʳ. — *Du progrès.*

Le *bien* ne suffit pas à l'intelligence ; elle veut toujours *mieux*, et le besoin d'*améliorer* domine la société comme l'individu. On peut nier la loi du progrès, mais lui résister est impossible, car le temps est un révolutionnaire qui renverse tous obstacles. « L'âge d'or, qu'une aveugle tradition a placé jusqu'ici dans le passé, est devant nous. » (PIERRE LEROUX, *De l'Humanité*.) Au lieu de résister au progrès, l'homme d'état le dirige vers le bien, et empêche la nation de prendre le mal pour le mieux.

Tout ce qui est ancien fut nouveau ; tout ce qui est, participe de ce qui fut. Nos pères ont amélioré ce que les leurs avaient amélioré déjà ; nous améliorons à notre tour, et nos enfants amélioreront encore. Ne craignons pas de rendre la France trop heureuse ! (V. p. 172.)

L'eau stagnante se corrompt ; l'eau courante se purifie. Ne pas avancer, quand tout avance autour de nous, ce serait reculer. Avançons donc toujours vers le *mieux*, en suivant la route du bien, qui seule y conduit.

Ne changeons pas ce qui est bon ; réservons nos forces pour combattre le mauvais. Ne changeons que pour obtenir un *mieux* certain ; améliorons ce qui est, sauf à améliorer ce qui sera.

Marchons, marchons toujours, mais ne courons jamais : car nous ne sommes pas tous jeunes et prestes, et, pour notre bonheur, il faut que nous avancions tous en même temps. Choisissons bien nos guides, et que la lumière précède toujours nos pas, afin que nous ne nous écartions point de la bonne voie.

La France est, de toutes les nations, la plus avancée dans les voies du bonheur social, et pourtant que d'améliorations elle réclame encore ! Chaque pas qu'elle fait vers le mieux lui découvre de nouvelles conquêtes à faire sur le mal. « Henri IV voulait (*Mémoires de Sully*, t. 4, *p.* 290) que le plus pauvre paysan pût manger de la viande toutes les semaines, et de plus mettre tous les dimanches une poule dans son pot. » Nous sommes deux fois plus nombreux qu'au temps du bon Henri, mieux logés, mieux nourris, mieux vêtus ; nous vivons, en moyenne, huit ans de plus ; cependant nous sommes encore loin du bien-être qu'il rêvait pour sa chère patrie !

La civilisation est une plate-forme placée au sommet de l'entendement humain, sur trois colonnes : les arts, les sciences et l'industrie. La plate-forme s'élève à mesure que les colonnes grandissent, et, plus elle monte, plus s'élargit l'horizon de la vérité, plus s'*améliore* le sort des hommes. Honneur au peuple, honneur à l'homme qui fait faire à la civilisation de nouveaux progrès !

CHAPITRE 2. — *D'où proviennent les améliorations.*

La plupart des améliorations viennent de l'intérieur, et sont le résultat des efforts que fait le corps social, ou que font les citoyens, pour être plus heureux.

Mais quelques unes arrivent aussi du dehors ; la conquête d'Alger est un bien pour toutes les nations civilisées, et les succès de l'Angleterre en Asie ouvrent au commerce du monde entier de précieux débouchés.

« Le monde est une grande famille dont les
» membres ont à remplir, suivant leurs facultés,
» des devoirs qui profitent d'autant plus à chacun
» en particulier qu'ils contribuent davantage au
» bien-être général. » (V. p. 42.)

CHAPITRE 3. — *Diverses espèces d'améliorations.*

Il y a trois sortes d'améliorations : les améliorations matérielles, les améliorations morales et les améliorations intellectuelles.

On appelle améliorations matérielles tout ce qui tend à améliorer la santé, le sang, l'existence des citoyens ; à leur rendre la vie plus commode , plus agréable et plus longue ; en un mot tout ce qui ajoute au bien-être.

On appelle améliorations morales toutes celles qui rendent les citoyens meilleurs , — unique moyen de les rendre véritablement plus heureux.

On appelle enfin améliorations intellectuelles tous les changements qui tendent à développer l'intelligence des citoyens, à favoriser l'accroissement et la diffusion des lumières ; tout ce qui agrandit l'horizon de l'homme , tout ce qui tend à placer l'intelligence au dessus de la force.

Les améliorations intellectuelles , et même les améliorations matérielles , ont besoin, pour être efficaces et sans danger, du secours des améliorations morales. Un méchant est plus redoutable quand il est instruit que s'il était ignorant ; un méchant est plus redoutable quand il est fort et bien armé que s'il était faible et pauvre.

Toutes les améliorations sont également désirables pour le corps social et pour ses membres ; toutes agissent et réagissent les unes sur les autres ; toutes doivent s'opérer avec ordre , sous l'autorité des lois et du pouvoir national. Le désordre est le plus dangereux ennemi du progrès , comme il est le plus dangereux ennemi de la liberté. (V. p. 140 et 141.)

CHAPITRE 4. — *Des innovations qui n'améliorent pas.*

Innover n'est pas toujours améliorer. Innover sans améliorer, c'est nuire au pays : car tout changement coûte, et tout changement lèse quelque intérêt. Il faut donc éviter les innovations qui ne procureraient pas un bien réel, évident.

Il faut éviter aussi celles qui répugneraient aux mœurs du pays, ou qui pourraient compromettre quelques éléments du bonheur social. Il faut enfin concilier toujours le besoin du progrès avec le besoin de stabilité, puisqu'ils sont également impérieux. (V. p. 143, 157 et 173.)

CHAPITRE 5. — *Moyens de hâter les améliorations.*

Pour hâter les améliorations de toute espèce, il faut charger un comité permanent de recueillir et d'étudier les projets d'améliorations venant de l'intérieur ou de l'étranger; accorder à chaque amélioration une récompense proportionnée à son utilité; indemniser, quand l'équité le commande, les citoyens lésés par les changements qui s'opèrent dans l'intérêt général.

Le privilége accordé à l'inventeur est une juste récompense de l'amélioration qu'il introduit; mais pourquoi le soumettre à un droit si élevé? pourquoi exiger le paiement de ce droit immédiatement, avant même que l'inventeur ait pu retirer le moindre profit de son invention ? Que d'utiles découvertes étouffées! que d'améliorations perdues! Ce n'est pas en mettant l'inventeur à l'amende qu'on encourage les inventions.

Le corps social doit-il indemniser les citoyens qui souffrent d'une innovation? Il faut distinguer entre les innovations introduites par l'industrie privée et celles qui sont établies par un acte de la puissance législative. Les premières ne peuvent jamais donner droit à indemnité ; s'il en était autrement, la routine étoufferait le progrès. Les messageries ont nui aux postes, les bateaux à vapeur aux messageries, les chemins de fer aux bateaux à vapeur, et les chemins de fer atmosphériques ou d'autres découvertes pourront nuire un jour aux chemins de fer actuels. Chacun doit s'attendre à voir son voisin faire mieux que soi. Qu'il s'efforce de faire mieux encore : le pays y gagnera. La carrière de l'industrie, ouverte à tous, accorde la palme au plus habile. Malheur aux vaincus!

A l'égard des améliorations législatives, il faut encore distinguer. Le tarif des douanes et tous les impôts sont dans le domaine du législateur : ainsi aucun changement de ce genre ne donne lieu à indemnité ; autrement l'état rendrait d'une main ce qu'il prend de l'autre. Or ce qu'il prend lui est indispensable. Si le législateur, par exemple, jugeait à propos d'établir un impôt sur les *rentes*, cet impôt ne donnerait lieu à aucune indemnité.

Mais si le législateur voulait supprimer une industrie, un office, il devrait accorder une indemnité proportionnée au dommage qui résulterait de leur suppression. L'intérêt privé doit toujours céder à l'intérêt général ; mais l'intérêt général, qui est l'équité même, ne veut jamais que les changements qu'il établit pèsent en totalité sur quelques individus ou sur une seule classe de citoyens : il veut que toute la nation les supporte.

Transition.

Dans toute science, il faut considérer trois choses : l'objet, le but et les moyens. L'économie sociale a pour objet la nation ; pour but, le bonheur social ; et pour moyens, de bonnes lois, bien exécutées. (V. p. 1re.)

Les deux premiers livres de ces études font connaître la nation et les phénomènes sociaux ; le troisième livre marque le but ; les deux livres suivants indiquent les moyens d'obtenir de bonnes lois bien exécutées.

LIVRE QUATRIÈME.

DES LOIS.

La force est le partage de quelques citoyens,
et la loi le soutien de tous.

(SOLON.)

TITRE I. — LOIS GÉNÉRALES DE LA NATURE.

Au dessus des *lois* humaines, qui varient de peuple à peuple et d'une époque à l'autre, sont des *lois* immuables, universelles, qui dominent le monde entier. Ces *lois* s'appliquent avec une infaillible précision à toutes les combinaisons possibles; voilà pourquoi la même cause produit toujours le même effet.

Le temps, l'espace, la matière, l'intelligence, ont leurs *lois*; à l'exécution de ces *lois* préside la Nécessité, pouvoir exécutif du Souverain des souverains.

L'intelligence ne peut vouloir que son bien: telle est sa *loi*. Donc elle fuit le mal, donc elle cherche le mieux. Mais elle est exposée à prendre le mal pour le mieux, parce que son choix est libre. Plus elle s'éclaire, moins elle fait de mauvais choix : *Ne mettez donc jamais la lumière sous le boisseau.*

Le bien et le mal ont aussi leurs lois éternelles.

Le bien est relatif : ce qui nourrit tel animal empoisonne tel autre.

Pour distinguer le bien du mal, l'intelligence humaine a cinq organes physiques et un sens moral; chaque sens a ses *lois*. Tous sont perfectibles, mais altérables ; tous ont mission de satisfaire les besoins physiques, intellectuels et moraux, de l'homme.

Le corps social, formé d'hommes, est soumis aux lois suprêmes qui dominent les hommes. Il fuit irrésistiblement le mal, et tend irrésistiblement au bien ; mais il peut aussi faillir, et plus il s'éclaire, moins il faillit. Pour atteindre au bonheur social, but constant de ses vœux et de ses efforts, il s'impose ou accepte des règles de conduite et des guides : ces règles sont les lois ; ces guides, les pouvoirs sociaux. Ces règles et ces guides, il peut les révoquer, mais à charge d'en subir d'autres : ainsi l'exigent les lois générales de l'univers.

Le corps social est libre de faire mal ou bien ; mais ces lois, supérieures aux siennes, veulent que la route du mal ne puisse jamais le conduire au bien ; que l'anarchie mène au despotisme, et le despotisme aux révolutions. Il peut donc se donner les institutions et les lois qu'il lui plaît d'adopter ; mais la nécessité fait tomber celles qui ne sont pas en harmonie avec les véritables besoins sociaux. La Convention put décréter la République, mais ses efforts terribles aboutirent à l'érection d'un trône plus solide que celui qu'elle avait renversé. (V. p. 11.)

Les lois de la raison, c'est-à-dire les lois de la morale et de la justice, font partie des lois générales qui dominent le genre humain, qui planent sur toute législation.

« Il est une loi véritable, la *droite raison*, conforme à la nature, universelle, immuable, éternelle, dont les ordres invitent au devoir, dont les prohibitions éloignent du mal. Soit qu'elle ordonne, soit qu'elle défende, ses paroles ne sont ni vaines auprès des bons ni impuissantes sur les méchants. Cette loi ne saurait être contredite par une autre, ni rapportée en quelque partie, ni abrogée tout entière. Ni le sénat ni le peuple ne peuvent nous délier de l'obéissance à cette loi. Elle n'a pas besoin d'un nouvel interprète ou d'un organe nouveau. Elle ne sera pas autre dans Rome, autre dans Athènes ; elle ne sera pas demain autre qu'aujourd'hui ; mais dans toutes les nations et dans tous les temps cette loi régnera, toujours une, éternelle, impérissable ; et le souverain de l'univers, le Roi de toutes les créatures, Dieu lui-même, a donné la naissance, la sanction et la publicité, à cette loi, que l'homme ne peut transgresser sans se fuir lui-même, sans ruiner sa nature, et, par cela seul, sans subir les plus dures expiations, eût-il évité d'ailleurs tout ce qu'on appelle supplice. » (Cicéron.)

« La loi qui a dû régler la conduite et les actions de toute la postérité d'Adam, c'est la loi de la *raison*. » (LOCKE.)

« C'est la *raison* qui a obligé les peuples les plus libres, lorsqu'il faut les mener à la guerre, à renoncer à leur liberté pour donner à leurs généraux un pouvoir absolu sur eux. On aime mieux hasarder de périr, même injustement, par les ordres de son général, que de s'exposer à la division et à l'anarchie.... C'est ce qui a fait tous les droits des souverains. » (BOSSUET.)

Législateurs, n'oubliez jamais qu'au dessus de vous est un législateur suprême dont la charte inviolable frappe d'impuissance tout ce qui est fait contre la nature des choses et la droite raison. *Nisi Dominus ædificaverit civitatem, frustra laboraverunt qui ædificant eam.*

TITRE II. — LOIS QUI RÉGISSENT LES NATIONS ENTRE ELLES.

Le corps social est obligé de se conformer aux traités, pour tout ce qu'ils ont prévu; au droit des gens, pour tout ce qu'ils n'ont pas prévu.

Les principes du droit des gens sont basés sur la morale; ainsi la bonne foi, la loyauté, la probité, sont au premier rang des devoirs d'un peuple. (V. pag. 41 et suiv.)

TITRE III. — DES LOIS DU CORPS SOCIAL.

> La première loi des rois est de les observer toutes.
>
> (HENRI IV.)

CHAPITRE 1. — *Ce que sont les lois d'un peuple.*

On ne peut concevoir une société sans règles, ni des règles suivies sans un régulateur. Les règles qu'un corps social accepte ou se donne s'appellent des *lois;* son gouvernement est le régulateur obligé. (V. p. 188.)

Les *lois* sont toujours présumées ce qu'elles devraient être : *l'expression de la volonté nationale;* leur but est aussi présumé ce qu'il devrait toujours être : *le bien du pays.* Moins la fiction s'éloigne de la réalité, plus il y a de bien-être social. — On peut dire pour toutes les nations : Hors de la loi point de salut; *in legibus salus.*

CHAPITRE 2. — *La loi est une.*

La nation est une; sa volonté, une; la loi, une.

La loi est *une* en ce sens que toutes ses dispositions, se coordonnant ensemble, forment un tout homogène.

Quand deux lois sont en désaccord, la dernière abroge l'autre. *Posteriora derogant prioribus.*

Chapitre 3. — *La loi domine tout.*

La nation étant souveraine sur elle-même et sur ses membres (V. p. 9), la *loi*, sa volonté formulée, *domine tout;* elle domine tout, *afin de protéger tout.* Elle trace la marche de tous les pouvoirs constitués, fixe les charges publiques et l'emploi des forces nationales, détermine les récompenses et les peines, organise le travail et la propriété, préside à l'éducation des citoyens, et règle tous les rapports des citoyens entre eux et vis-à-vis du corps social ; elle ordonne, défend, encourage, punit ou récompense ; — Le tout en vue du bien général.

Chapitre 4. — *La loi est présumée connue de tous les citoyens.*

Nul n'est censé ignorer la loi ; sans cette fiction, la loi serait impuissante.—Il importe au bonheur social que cette précieuse fiction se rapproche le plus possible de la réalité : d'où la nécessité de codifier les lois ; plus sont nombreuses les lois d'un pays, plus il est nécessaire de les codifier.

Chapitre 5. — *La loi protége tous les citoyens.*

« La force est le partage de quelques uns, et la loi, le soutien de tous. » (Solon.)—La loi protége également tous les citoyens dans leurs personnes, leurs propriétés, leurs travaux et leurs plaisirs; elle les protége avant leur naissance, après leur mort, et même sur la terre étrangère. Elle protége le riche contre le pauvre, et le pauvre contre le riche; le faible contre le fort, l'honnête contre le méchant, et le méchant lui-même contre ses pareils. — « Le ferme empire des lois est le gage le » plus sûr du bien-être de tous, comme de la » force de l'état; et la conviction partout établie » que les lois seront régulièrement exécutées » rend moins fréquent l'emploi de leur sévérité. » (*Discours d'ouverture de la session de* 1843.)

CHAPITRE 6. — *La loi est obligatoire pour tous les citoyens.*

La loi est obligatoire également pour tous les citoyens, parce qu'elle est présumée l'œuvre de tous. *Consensus omnium pro salute omnium.* Si un seul pouvait se mettre au dessus des lois, comment les autres seraient-ils protégés contre lui?

Ceux qui font la loi sont obligés de lui obéir comme les autres, et c'est ce qui fait la garantie de ces derniers. Si la loi est mauvaise pour mon voisin, elle est mauvaise pour moi-même.

CHAPITRE 7. — *De l'égalité sociale.*

L'égalité sociale existe quand les citoyens sont également soumis aux lois, également protégés

par elles, également admissibles aux emplois, é-
galement soumis aux charges publiques. Chercher
une autre égalité, c'est courir après une chimère.
La nature fait tous les hommes inégaux; la loi
seule peut les soumettre au niveau. (V. p. 27.)

CHAPITRE 8. — *La loi doit suivre les besoins sociaux.*

La législation n'est bonne que lorsqu'elle satisfait tous les besoins sociaux de manière à procurer au peuple, aussi complétement que possible, la
jouissance des éléments du bonheur social.—Comme les besoins changent, il faut que la loi les sui-
ve. Une législation immuable, quelque parfaite
qu'on la suppose, ne tarderait pas à devenir in-
suffisante. « La sagesse du législateur est obligée
de faire les même progrès que la malice de l'homme, afin que chaque mal trouve son remède,
chaque fraude sa précaution. » (D'AGUESSEAU.)
La loi salique suffisait aux Francs sous Clovis;
les capitulaires de Charlemagne étaient parfaits
en leur temps: Saint Louis ne put s'en contenter;
Henri IV et ses successeurs améliorèrent la loi
française…. Depuis 1789, plus de 80,000 lois ont
été portées! et cependant que de lois nous atten-
dons encore avec impatience! (V. p. 11.)

CHAPITRE 9. — *Danger des innovations législatives.*

La législation est fille du temps : il faut laisser
au temps le soin de la perfectionner; aider tou-

jours, mais ne jamais brusquer. — Le peuple qui fait table rase est comme un vaisseau démâté, qui flotte au gré des vents, jusqu'à ce qu'il rencontre un écueil, un sauveur, ou un maître.

Toute innovation lèse quelque intérêt ; il ne faut donc innover qu'avec certitude d'améliorer ; innover sans améliorer, c'est nuire au pays. (V. p. 161.) — Quand l'état opère un changement notable, il faut que le poids de ce changement porte, non sur quelques individus, mais sur la nation entière. L'équité ne veut pas qu'une classe de citoyens soit immolée au bien des autres. (V. p. 161.)

CHAPITRE 10. — *Différentes espèces de lois*.

Il faut au corps social des lois *fondamentales* pour assurer la stabilité ; des lois *non fondamentales*, pour suivre les besoins sociaux, et procurer les améliorations utiles ; des *ordonnances* du pouvoir exécutif, pour faire exécuter les lois partout et toujours. Voilà comment le besoin de progrès se concilie avec le besoin de stabilité.

TITRE IV. — DES LOIS FONDAMENTALES.

CHAPITRE 1er. — *Qu'entend-on par lois fondamentales*.

Les lois qui constituent le gouvernement, qui déterminent les attributions de chaque branche du pouvoir, et fixent les principes politiques d'après lesquels le pays veut être gouverné, sont les *lois fondamentales* de la nation.

L'ensemble de ces lois prend le nom de *contrat social*, parce que la nation est toujours présumée les avoir elle-même établies, dans sa toute-puissance, pour régler les conditions de la *société* qui lie ses membres ; — ou de *constitution*, parce qu'ils *constituent* les pouvoirs chargés de conduire la chose publique.

Une constitution est un traité de paix, une transaction, entre les divers intérêts sociaux. Or dans une transaction tout est sacré, parce que chaque disposition est corrélative à d'autres : il en est de même d'une charte. (V. le *Traité des Transactions*, p. 7 et 11.)

CHAPITRE 2. — *Les lois fondamentales dominent les autres lois et tous les pouvoirs constitués.*

La constitution est la loi des lois ; c'est un pivot autour duquel gravitent les pouvoirs sociaux, chacun dans sa sphère. (V. liv. V, *Des pouvoirs constitués.*)

Le pouvoir qui viole la constitution déchire son mandat et brise son égide.

Le citoyen qui attaque la constitution est aussi coupable, dans l'ordre moral, que celui qui porte les armes contre sa patrie. Tant que ces deux principes ne seront pas inculqués dans l'esprit des citoyens, le besoin de *stabilité* ne sera pas satisfait.

CHAPITRE 3. — *Du pouvoir constituant.*

Le pouvoir constituant réside inaliénable dans le corps social. Il a fallu le consentement de tous pour établir le pacte social, il faut le consentement de tous pour le modifier. (V. p. 9 et 188.)

La constitution, quel qu'en soit le rédacteur, n'est obligatoire qu'après qu'elle a été adoptée par le pays.

Le renversement du contrat social et l'établissement d'un nouveau contrat sont les deux seuls *actes directs de la souveraineté nationale.*

Le pouvoir constituant ne peut être lié par aucune loi ; il est inaliénable, imprescriptible, et le corps social l'exerce quand bon lui semble et comme il lui plaît. Heureuse la nation qui n'a pas besoin d'en user !

Moïse, Lycurgue, Solon, exercèrent le pouvoir constituant ; les états généraux de 1789, la convention, Bonaparte, Louis XVIII, les chambres des Cent Jours et la chambre de 1830, exercèrent le *pouvoir constituant.* Ce pouvoir créateur ne s'exerce jamais de la même manière, par la raison qu'il n'est et ne peut être soumis à aucune loi. Qui dit *souverain* dit au dessus de tout. Le souverain de 1830 n'a pu lier le souverain de 1850 que sous condition *potestative.*

« Quand la constitution d'un peuple est établie, le pouvoir constituant disparaît. C'est la parole du créateur qui commande une fois pour gouverner toujours ; c'est sa main toute-puissante qui se repose pour laisser agir les causes secondes, après avoir donné le mouvement et la vie à tout ce qui existe. » (PORTALIS, *au Corps législatif*, 23 *frimaire an X.*)

CHAPITRE 4. — *Immutabilité de la constitution.*

Ce qui distingue surtout la loi fondamentale, c'est l'immutabilité. La constitution qui permet aux pouvoirs constitués de la modifier, viciée dans son principe, ne peut donner au pays la stabilité.

Tout changement de constitution est une révolution ; or le droit de révolution n'appartient qu'à la nation entière. (V. liv. VI.)

Lorsque la restauration proposa la septennalité, contre le texte formel de la charte, Lanjuinais signala le danger de cette mesure dans un écrit où l'on remarquait l'épigraphe suivante : « Je vois la malédiction, châtiment certain du parjure : elle entrera dans la maison de celui qui a juré faussement ; elle y séjournera, la consumera ; il n'en restera ni bois ni pierre. » (ZACHARIE, *ch.* 5.) La prédiction du vieillard s'est accomplie.

CHAPITRE 5.— *Conditions d'une bonne constitution.*

Le pacte fondamental est bon quand il réunit les conditions suivantes : 1° lorsqu'il est approprié aux besoins, aux mœurs et à l'esprit du pays ; 2º qu'il ne blesse en rien l'équité ; 3º qu'il est précis et clair ; 4º qu'il donne aux pouvoirs constitués la possibilité d'employer tous moyens nécessaires de gouverner, et de tenir la législation en harmonie avec les besoins nouveaux ; 5º enfin, lorsqu'il est respecté par les gouvernants et les gouvernés, et que tous ont foi dans sa puissance et dans sa durée. « La meilleure constitution est celle qu'on » a, pourvu qu'on l'exécute bien. » (NAPOLÉON.)

CHAPITRE 6. — *De la charte de* 1830.

La charte française réunit les quatre premières conditions ; le temps et les lumières amèneront la cinquième. Le temps.... si l'inconstance française permet d'attendre, pour juger la constitution, que les lois qui doivent la compléter soient votées. Mais hélas ! Mirabeau nous *comparait à ces enfants qui sèment, et qui, dès le lendemain, grattent la terre pour voir si le grain pousse....* Et Mirabeau nous connaissait bien ! Les lumières !... mais les lumières ne viennent qu'avec le temps. Les lumières montreront que la charte de 1830, la plus parfaite des constitutions que la France ait possédées, nous assure le bonheur social pour des siècles, pourvu que nous sachions nous gouverner suivant son esprit *conservateur* et sagement *progressif*.

Montesquieu se complut à décrire le gouvernement représentatif de l'Angleterre ; il lui consacra tout le onzième livre de l'Esprit des lois. Notre

constitution, puisée dans ce livre, est bien supérieure à celle de nos voisins. Elle a introduit en
France les principes anglais, mais avec les modifications commandées par les progrès de la civilisation, par l'expérience de deux grandes révolutions,
et par le génie particulier de la nation française.

CHAPITRE 7. — *La constitution doit exclure
l'omnipotence parlementaire.*

L'omnipotence parlementaire est une usurpa-
tion sur la souveraineté nationale ; c'est le pouvoir
absolu exercé par plusieurs. Si vous permettez au
pouvoir législatif de modifier la constitution, vous
n'avez plus de constitution. Les pouvoirs constitués ne peuvent toucher au contrat social par lequel ils sont ; le mandataire ne peut modifier son
mandat. Cette omnipotence existe en Angleterre,
parce qu'il n'y a véritablement pas de constitution.
L'omnipotence anglaise a supprimé pour un temps
la chambre des pairs ; elle a *déchu* un roi, suppli-
cié un autre roi, changé l'ordre de succession au
trône et la religion de l'état... Dieu nous garde
d'une telle omnipotence ! Que deviendrions-nous
avec notre légèreté naturelle ?

CHAPITRE 8. — *Garantie contre les infractions au
pacte social.*

Tout dépositaire d'une portion quelconque de
l'autorité s'engage, par le fait seul de son accep-

tation, à exécuter et faire exécuter loyalement la
constitution ; mais, pour rendre l'engagement plus
solennel et plus sacré, le corps social exige serment.

L'électeur et le député qui votent contre la constitution commettent un crime. Le ministre qui
viole ou propose de violer la constitution est coupable de lèse-nation. Le chef de l'état qui permet
une violation délie tous les citoyens de leurs serments et de leurs devoirs envers lui.

CHAPITRE 9. — *Lacunes qui existent dans la
constitution.*

Le texte de la constitution ne peut tout régler;
mais son esprit pourvoit à tout. Lorsqu'une lacune
se manifeste et qu'il devient nécessaire de la remplir, c'est au législateur à y pourvoir, mais en
respectant le texte et l'esprit de la loi fondamentale.
(V., au liv. V, *Du pouvoir législatif*, et p. 223.)

TITRE V. — DES LOIS NON FONDAMENTALES.

CHAPITRE 1er. — *Office des lois ordinaires.*

La nation marche; le contrat social est immuable. Comment donc satisfaire les besoins nouveaux ? — En améliorant sans cesse les lois ordinaires.

Le pouvoir législatif abroge ou modifie les lois qu'il a faites : *hujus est destruere , cujus est condere.* Il abroge les lois usées par le temps, de peur que le mépris des lois mortes ne retombe sur les lois vivantes ; il abroge les mauvaises lois, afin que leur voisinage ne soit pas nuisible aux bonnes ; il fait les lois nouvelles qu'exigent les besoins nouveaux, afin qu'on n'accuse d'impuissance ni lui, ni la constitution ; en un mot, il fait, dans les limites du pacte social, toutes les améliorations et toutes les réformes que le pays désire : tel est l'office des lois ordinaires. (V. pag. 198.)

Machiavel dit avec raison que « les *bonnes lois* et les bonnes mœurs sont les principaux fondements des états ».

CHAPITRE 2. — *Effets des bonnes et des mauvaises lois.*

Les bonnes lois augmentent la force de la constitution, du gouvernement et du corps social ; les mauvaises, au contraire, minent à la fois le bien public, le gouvernement et la constitution. « Les bonnes lois en font faire de meilleures ; les mauvaises en amènent de pires. » (ROUSSEAU, *Contrat social.*) Les bonnes lois s'exécutent facilement, les mauvaises ne s'exécutent pas, ou s'exécutent mal.

CHAPITRE 3. — *Conditions d'une bonne loi.*

Pour obtenir de bonnes lois que faut-il? un pouvoir législatif bien constitué. (V. ci-après, liv. V.) Une loi n'est bonne que lorsqu'elle réunit les conditions suivantes : 1° quand elle ne blesse en rien l'équité ; 2° ni la morale, 3° ni la constitution; 4° quand elle est claire, 5° opportune, 6° nécessaire, 7° complète, 8° et faite dans l'intérêt non d'une classe ou d'un parti, mais de tous les citoyens ; 9° enfin, quand elle est en harmonie avec le reste de la législation.

Une loi qui blesse l'équité s'exécute mal ; celui qui est chargé de l'appliquer est obligé d'opter entre sa conscience, qui lui défend le mal, et la mauvaise loi, qui le lui ordonne.

Une loi qui blesse la morale porte les citoyens au mal, au lieu de les exciter au bien : une loi de douanes qui favorise la contrebande, une loi d'impôt qui favorise la fraude, sont des obstacles à l'amélioration morale du pays. (V. p. 159.)

Il faut que la législation d'un peuple s'appuie sur la morale et que la morale s'appuie sur la religion; la religion, la morale, la loi et le gouvernement, sont les pierres angulaires de l'édifice social. Toute législation athée serait anti-sociale, inhumaine et sans durée. (V. pag. 95 et suiv.)

Quand la loi est inconstitutionnelle, qu'arrive-t-il? le citoyen qui a juré de faire exécuter la constitution et les lois n'a plus qu'à s'envelopper dans son manteau.

Quand la loi est obscure, au lieu de servir de guide aux citoyens, elle leur tend des piéges; inopportune, elle nuit, quelque utile qu'elle puisse être au fond. Le bien veut être fait à propos.

Si la loi n'était pas nécessaire, les intérêts qu'elle froisse ont droit de se plaindre, puisqu'ils sont lésés sans utilité pour le pays. Si elle est incomplète, elle manque son but.

Lorsqu'elle est faite dans l'intérêt d'une classe, d'un parti, d'une ville ou d'une province, *privata lex*, et non dans l'intérêt général du pays, l'intérêt général sacrifié à l'intérêt privé s'irrite bientôt, et finit par amener une réaction dangereuse. Le bien public souffre du remède autant qu'il a souffert du mal lui-même.

Enfin, si la loi nouvelle n'est pas en harmonie avec les lois existantes, il y a tiraillement dans l'exécution des unes et des autres.

CHAPITRE 4. — *Il faut que les lois soient aimées et respectées.*

Il importe au bien public que les lois soient aimées et respectées des citoyens. L'amour de la patrie est un devoir sacré; l'amour des lois destinées à faire le bonheur de la patrie est également un devoir.

Le corps social ne peut forcer tous ses membres à aimer ses lois; mais il peut et doit, au moins, les contraindre à les respecter : braver la volonté nationale, c'est braver la nation.

Lorsqu'une loi semble mauvaise, on peut, on doit même demander son abrogation; mais il faut la demander avec respect : car la loi, tant qu'elle n'est pas abrogée, est l'expression de la volonté du pays.

Il devrait y avoir une peine contre celui qui demande sans raison le changement d'une loi. Sans être aussi sévère que Charondas (V. p. 135), il faudrait être aussi prudent.

Mieux vaut de mauvaises lois qu'on respecte, que de bonnes lois qu'on foule aux pieds.

CHAPITRE 5. — *Il faut que la loi soit redoutée des mauvais citoyens.*

Si la loi n'inspire pas de crainte aux méchants, les bons ne sont pas suffisamment protégés :

Sontibus unde tremor, civibus inde salus.

CHAPITRE 6. — *Règles générales sur les lois.*

1° La loi ne dispose que pour l'avenir; elle doit avertir avant de frapper.

2° Elle n'a force qu'après sa promulgation.

3° Elle doit toujours respecter les droits acquis.

4° Il faut qu'elle inspire sécurité au bon citoyen, crainte au mauvais.

5° L'interprétation législative n'appartient qu'au législateur.

6° Les lois concernant l'état et la capacité des personnes régissent les citoyens, même sur la terre étrangère.

7° Les lois de police et de sûreté obligent tous ceux qui habitent le territoire social.

8° Les immeubles possédés par l'étranger sont régis par la loi du pays.

CHAPITRE 7. — *Règles générales sur l'exécution des lois.*

1° Tant qu'une loi n'est pas abrogée, elle doit recevoir exécution.

2° La loi doit toujours être exécutée suivant l'esprit qui l'a dictée, et en vue du bien général.

3° En cas de silence ou d'obscurité, la loi s'interprète d'après les principes d'équité.

4° On ne peut déroger par des conventions particulières aux lois qui intéressent l'ordre public et les bonnes mœurs.

5° Nul citoyen n'est tenu d'obéir aux ordres d'un souverain étranger ni aux lois étrangères.

6° Aucun acte émané d'autorités étrangères ne peut être exécuté sur le territoire social qu'il n'ait été déclaré exécutoire par l'autorité nationale, à moins de stipulation contraire dans les traités internationaux.

7° La jurisprudence est le flambeau des lois.

Chapitre 8. — *Des précédents, de l'usage, et de leur autorité légale.*

« Les précédents ne commandent pas, il con-
» seillent. Il faut s'en servir de telle sorte que
» l'autorité du passé s'accommode aux besoins du
» présent. » (Bacon.)

L'usage est une suite de précédents. En beaucoup de matières, l'usage fait loi; mais il ne fait loi que par la volonté même de la loi.

Mores sunt tacitus consensus populi, longâ consuetudine inveteratus. (Ulpien.) *Inveterata consuetudo pro lege custoditur; nam quid interest utrùm suffragio populus voluntatem suam declaret, an rebus ipsis et factis?*

TITRE VI. — DES ORDONNANCES ET RÈGLEMENTS.

Les ordonnances et règlements ont force de loi quand ils émanent des autorités que la constitution ou les lois ont investies du droit de les faire, et quand ils n'ont rien de contraire aux lois ni à la constitution.

L'autorité investie du droit de les faire peut les

rapporter ou les modifier, si aucune loi ne lui en ôte la faculté.

Il faut 1° laisser aux parties intéressées les moyens de résister à des ordres donnés *incompétemment* ; 2° punir celui qui a donné ces ordres. Sans cette double garantie, les lois et la constitution ne protégeraient qu'imparfaitement les citoyens.

Les citoyens ne sont pas tenus d'obéir aux ordonnances ou règlements contraires à la constitution ou aux lois. Néanmoins, comme la présomption est toujours en faveur de l'autorité, les citoyens doivent provisoirement se soumettre, sauf à réclamer immédiatement auprès de l'autorité compétente ; et si l'autorité compétente prononce contre le réclamant, une peine lui doit être infligée. (V., au liv. V, *De l'obéissance.*)

TITRE VII. — DES LOIS PRIVÉES.

Le citoyen est soumis 1° aux lois générales de la nature, 2° au droit international, 3° aux lois du corps social dont il est membre ; il est soumis, en outre, 4° aux lois qu'il lui a plu de s'imposer à lui-même, et que j'appelle *lois privées*.

Les lois *privées* que s'impose un citoyen dérivent toutes de son libre consentement. Il a fait volontairement une *convention* ; il a *accepté* une *donation*, un *legs*, une *succession* : de là sont résultées pour lui des obligations que la loi du pays, d'accord avec la morale, érige en *lois*. (Code civil, art. 1134.)

Quand un citoyen ne veut plus *vouloir* ce qu'il a promis de vouloir, un *jugement l'y condamne*. Mais ce jugement est réputé le contraindre à faire ce qu'il a promis de faire, à exécuter une loi qu'il s'était lui-même imposée.

On ne peut déroger par des conventions particulières aux lois qui intéressent l'ordre public et les bonnes mœurs. Réciproquement, les lois, les ordonnances, les jugements, ne doivent jamais violer les conventions qui n'ont rien de contraire aux bonnes mœurs ni à l'ordre public. Tout *droit* légitimement *acquis est sacré*.

Transition.

J'ai dit à quels signes on peut reconnaître si la législation d'un peuple est bonne ou mauvaise ; il s'agit d'examiner maintenant par quels moyens on peut se procurer une bonne législature et de bonnes lois, et par quels moyens on obtient que les lois soient exécutées dans l'intérêt général du pays : c'est l'objet du livre suivant.

LIVRE CINQUIÈME.

DU GOUVERNEMENT.

> La liberté, la propriété, la justice , également essentielles au bonheur des hommes, ne peuvent subsister que sous la sauvegarde des lois et du gouvernement.
>
> (Page 137.)

1ʳᵉ Partie.

DES POUVOIRS CONSTITUÉS.

TITRE I. — DU GOUVERNEMENT CONSIDÉRÉ DANS SON ENSEMBLE.

CHAPITRE 1ᵉʳ. — *Que signifie le mot* gouvernement.

Le mot *gouvernement*, pris dans le sens le plus étendu, signifie l'ensemble des pouvoirs constitués pour conduire un peuple. Gouverner un navire, c'est le diriger vers le but d'un voyage ; gouverner un état, c'est le diriger vers le bonheur social, but auquel tendent toutes les nations. (V. p. 133.) « Qui bien gouverne arrive au but ; » qui mal gouverne échoue. »

CHAPITRE 2. — *Source des pouvoirs sociaux.*

Tous les pouvoirs sociaux prennent leur source dans la nation (V. p. 9 et 175); mais il faut distinguer le *pouvoir constituant* des *pouvoirs constitués.*

Le pouvoir constituant réside toujours dans la nation, et ne peut être aliéné, prescrit ni délégué. C'est la volonté nationale en action ; c'est le Tout-Puissant dictant ses lois au milieu du tonnerre et des éclairs... : *vox populi, vox Dei;* c'est le droit de révolution. — Ce pouvoir terrible ne peut être soumis à aucune règle écrite, parce que la volonté nationale est *toute-puissante.*

Les pouvoirs *constitués*, au contraire, ont dans la constitution leurs règles et leurs limites, qu'ils doivent toujours respecter. La constitution est leur mandat, et le *mandataire* n'a jamais le droit de *modifier* son mandat. (V., au liv. V, *Du pouvoir législatif.*)

CHAPITRE 3. — *Nécessité d'un gouvernement.*

On discute, depuis l'origine des sociétés, sur la meilleure forme de gouvernement ; toutefois il est un point sur lequel les publicistes anciens et modernes sont d'accord : c'est qu'un peuple ne peut se passer de gouvernement, et que de tous les fléaux le plus funeste c'est l'anarchie. L'anarchie est l'état de folie du corps social.

Le gouvernement est le lien des liens sociaux

(V. p. 6.); les révolutions ne peuvent que déplacer le pouvoir. Il faut aux hommes des chefs, même pour marcher à l'anarchie. La Convention, dans son délire d'égalité, ne put jamais se passer de président.

CHAPITRE 4. — *Il faut un gouvernement capable de conduire la chose publique.*

Chaque nation adopte la forme qui lui plaît; mais tant qu'elle n'a pas obtenu un gouvernement approprié à ses besoins, elle souffre. (V. p. 11.)

Le gouvernement qui n'a pas les pouvoirs et les moyens de gouverner indispensables pour bien conduire la chose publique est réduit à l'alternative de mal gouverner ou d'usurper : l'une et l'autre voie mènent au désordre.

Si quelques intérêts privés parviennent à dominer le gouvernement, il y a injustice et péril.

Trois pouvoirs sont indispensables au gouvernement : le pouvoir législatif, le pouvoir exécutif, et le pouvoir judiciaire.

Les moyens de gouverner doivent être proportionnés aux obstacles à vaincre ; nous en parlerons dans la seconde partie de ce livre.

CHAPITRE 5. — *Quel gouvernement est légitime.*

Légitime signifie conforme aux lois, c'est-à-dire à la volonté nationale, qui en est la source. Charles X cessa d'être *légitime*, quand il cessa d'être *voulu*.

Les gouvernants sont faits pour *servir* et non pour asservir les nations. Frédéric, dans l'Anti-Machiavel, dit que les *princes ne sont que les premiers serviteurs des peuples.*

Pépin fut légitime, non parce qu'il eut l'approbation du pape, mais parce que les Francs l'adoptèrent pour chef. Hugues Capet et Napoléon furent légitimes au même titre. Louis XVIII était légitime en 1814; il ne l'était plus en 1815, mais il le redevint après l'ordonnance du 5 septembre, et put alors seulement congédier *l'armée d'occupation.*

L'assentiment général se manifeste par des signes frappants. Malheur au prince qui ne le voit pas, et qui méprise les enseignements de l'histoire et de la raison! Childéric fut déposé par les Francs parce qu'il séduisait leurs filles; Chilpéric III, parce qu'il était idiot; le fils de Louis d'outre-mer fut exclu du trône parce qu'il avait fait hommage à l'empereur de son duché de Lorraine. Qu'est devenue la *légitimité* des Stuarts? La légitimité de Louis XVI le préserva-t-elle de l'échafaud? Celle de Louis XVIII empêcha-t-elle Napoléon de remonter sur le trône? et celle de Charles X trouva-t-elle, après les ordonnances, une seule voix pour sa défense?....

Un principe qui admet tant d'exceptions mérite-t-il qu'on lui sacrifie le repos et la prospérité de l'Europe? (V. p. 36.)

Chapitre 6. — *Fiction constitutionnelle.*

Tous les citoyens sont présumés adhérer chaque jour au maintien des pouvoirs constitués. Il n'est point de gouvernement qui ne repose sur des fictions.

Quand la fiction s'éloigne trop de la vérité, le besoin de la remettre en harmonie se fait sentir, et finit par obtenir satisfaction, de gré ou de force. Voilà pourquoi Montesquieu conseille aux pouvoirs de remonter quelquefois vers leur origine, et de ne jamais la perdre de vue.

Chapitre 7. — *Conditions d'un bon gouvernement.*

Le meilleur gouvernement est celui qui assure le mieux au pays la jouissance des choses nécessaires à son bien-être. Comme les besoins sociaux varient, il n'y a pas de gouvernement qui puisse être bon partout et toujours. (V. pag. 10 et 11.)

Chaque peuple se fait gouverner à sa manière, et ce qui rend heureux les Autrichiens rendrait les Anglais malheureux. (V. p. 11 et 134.) Toutefois aucun gouvernement ne peut assurer la jouissance des éléments du bonheur social s'il ne réunit quatre conditions : 1° assentiment du pays, 2° pouvoirs suffisants, 3° unité gouvernementale, 4° moyens de gouverner proportionnés aux obstacles qu'il peut avoir à vaincre.

Le gouvernement qui réunit ces conditions est capable de bien conduire la chose publique, s'il veut et s'il sait; peu importe son origine, peu importe le nom qu'on lui a donné ou qu'il a pris. — Celui, au contraire, qui ne les réunit pas, quelle que soit son origine, quel que soit son nom, est incapable de conduire le pays au bonheur social.

Le gouvernement qui lutte contre le vœu du pays ne peut rien, pas même le bien, parce que la nation se méfie de ses *présents*. Il use ses forces à se maintenir, et ne se maintient que par des moyens qui le rendent odieux. — Celui qui n'a pas assez de pouvoirs, — assez de moyens, — est obligé d'usurper ou de gouverner mal.

CHAPITRE 8. — *Unité gouvernementale.*

La nation est une; sa volonté, une; sa loi, une; son gouvernement doit être *un*. (V. pag. 7, 9, 96, 197 et 199.) Sans unité, point de force; et sans force, point de bon gouvernement. *Unum esse reipublicæ corpus, unius animo regendum.* (TACITE.) « L'unité, cette première loi de tous les êtres, » disait M. de Serre, est aussi celle du gouverne- » ment. » (V. le *Traité de la centralisation* de M. de Cormenin.)

CHAPITRE 9. — *Du pouvoir absolu.*

La réunion des trois pouvoirs sur une seule tête constitue le *pouvoir absolu.* Louis XIV, un fouet à la main, force le parlement d'enregistrer un édit : voilà du *pouvoir absolu.* — Le maréchal de Villeroy, gouverneur de Louis XV, disait au jeune monarque en lui montrant, du haut d'un balcon, le peuple assemblé pour une fête : « Sire, » tout ce peuple est *à vous*, il n'y a rien là qui ne » *vous appartienne;* vous êtes le *maître absolu* de » tout ce que vous voyez. »

Louis XVI voulut user de ce pouvoir expirant ; il envoya M. de Brézé sommer l'assemblée constituante d'évacuer la salle, et c'est alors que Mi-« rabeau répondit : Allez dire à celui qui vous » envoie que nous sommes ici par la volonté du » peuple, et que nous n'en sortirons que par la » force des baïonnettes. »

La Convention réunissait les trois pouvoirs : c'était un dictateur à 700 têtes.

Les mauvais princes, a dit Tacite, désirent une autorité sans bornes; les bons, une liberté limitée.

CHAPITRE 10. — *De la division des pouvoirs.*

« Pour que les lois gouvernent, et non les hom-» mes, disait Mirabeau, il faut que les départe-

» ments législatif, exécutif et judiciaire, soient to-
» talement séparés. »

La séparation des pouvoirs donne à chacun plus
de force, à tous plus de solidité, au pays et aux
citoyens plus de garanties, — pourvu que chacun
soit investi de la force nécessaire pour bien fonc-
tionner.

Chaque branche est souveraine dans sa sphère,
et ne relève que du corps social ; toutes ont intérêt à se prêter secours, parce que leur sort est si
intimement lié, qu'on ne peut toucher à l'une sans
les ébranler toutes. La difficulté consiste à les bien
équilibrer, et à laisser intacte l'unité gouvernementale.

Chapitre 11. — *Pondération des pouvoirs.*

Tout pouvoir cherche à s'étendre ; et quand
l'un des pouvoirs empiète sur les autres, l'équilibre
étant rompu, tous sont ébranlés. Il faut que la
constitution trace bien la sphère de chacun ; mais
comme elle ne peut leur donner la sagesse de
rester dans leurs limites, elle investit chaque
pouvoir de la force nécessaire pour empêcher les
autres d'usurper.

Que si l'un des pouvoirs a été mal constitué,
mal défini, ou mal doté par la constitution, le législateur doit combler la lacune par tous les moyens
que la loi fondamentale met à sa disposition, et
porter secours au faible contre le fort : moins

dure l'équilibre, moins dure le gouvernement. (V. p. 179.)

CHAPITRE 12. — *Comment concilier l'unité de gouvernement avec la division des pouvoirs.*

Le moyen de procurer au corps social les avantages de la division des pouvoirs, sans le priver de l'*unité* gouvernementale dont il ne peut se passer (V. pag. 194), l'unique moyen, c'est d'établir un lien commun entre les trois branches, en faisant participer l'une au pouvoir des deux autres; mais il faut que cette participation laisse aux autres branches leur indépendance entière.

Le gouvernement représentatif monarchique a résolu ce problème, en donnant au chef de l'état des prérogatives qui lui permettent de maintenir l'harmonie entre les pouvoirs, sans porter atteinte à l'indépendance des membres qui les composent.

———

TITRE II. — DU POUVOIR LEGISLATIF.

> Constituer une bonne législature, c'est travailler au bonheur du pays.
>
> (*Politique des intérêts*, p. 288.)

CHAPITRE 1er. — *Quelle puissance doit avoir le législateur.*

La constitution doit confier au pouvoir législatif *toutes les ressources du pays*, et lui permettre d'en user suivant les besoins, mais en se conformant aux règles qu'elle établit.

Le pouvoir législatif est donc *omnipotent dans sa sphère constitutionnelle*. Il domine tout, dans le corps social, tout, *excepté la constitution ;* il domine par la loi.

S'il existait dans l'état un pouvoir, une caste, un individu, qui pût empêcher une loi de recevoir exécution, le gouvernement serait mauvais. (V. pag. 171.)

CHAPITRE 2. — *Devoirs du législateur.*

Le pouvoir législatif doit satisfaire les besoins sociaux de la manière la plus utile au plus grand nombre, et sans blesser ni l'esprit ni la lettre de la constitution ; il doit aussi donner ou laisser aux autres pouvoirs constitués la force et les moyens d'action dont ils ont besoin pour remplir leur mission.

Pour cela il abroge les mauvaises lois, en porte de nouvelles , et veille à ce que toutes les lois en vigueur soient exécutées partout et toujours ; il étudie les besoins du pays, ses ressources, et cherche à lui procurer, en appliquant bien les ressources aux besoins, la jouissance de tous les éléments de bien-être à sa portée. (V. p. 180.)

Si le pays n'est pas heureux, la faute en est au législateur ; et quand le pays choisit lui-même, à certaines époques, les membres d'une des branches du pouvoir législatif, s'il n'est pas heureux, la faute en est à ses mauvais choix. (V. p. 202 et 209.)

CHAPITRE 3. — *Unité du pouvoir législatif.*

Il ne peut y avoir *unité* dans la législation d'un peuple s'il n'y a unité de législature. Quand le sénat romain et le tribunat faisaient des lois chacun de son côté, la république était déchirée.

Mais le législateur peut être multiple, sans cesser d'être *un*, pourvu qu'aucune des branches dont il se compose ne puisse faire ni abroger les lois sans l'assentiment des autres.

CHAPITRE 4. — *Division du pouvoir législatif.*

Quand le pouvoir législatif est divisé en plusieurs branches, il peut réunir plus d'intérêts et de lumières; ses actes ont plus de maturité; une branche améliore ou corrige l'œuvre de l'autre; celle-ci aperçoit ce que l'autre n'avait pas vu. Sans la chambre des pairs le divorce était rétabli.

Mais deux branches ne suffisent pas : l'histoire prouve que l'une finit toujours par absorber l'autre. Il faut une troisième branche qui porte secours tantôt à l'une, tantôt à l'autre, afin de maintenir l'équilibre.

Il convient aussi de varier le mode d'institution, afin que tous les intérêts du pays soient mieux représentés, et que toutes les lumières soient utilisées. « Ces trois puissances devraient former un repos ou une inaction. Mais, comme par le mouvement nécessaire des choses elles sont contraintes d'aller, elles seront forcées d'aller de concert. » (*Esprit des lois*, liv. II, ch. 6.)

Enfin, il faut, autant que le permettent les mœurs et l'esprit de la nation, que chaque branche représente l'un des trois grands éléments politiques : l'élément démocratique, l'élement aristocratique et l'élément monarchique. Lorsque ces trois éléments peuvent être combinés de manière à faire jouir le pays des avantages inhérents à chacun, et à le délivrer de leurs inconvénients, le pouvoir législatif est excellent. (V. p. 181.)

Chapitre 5. — *Avantages et inconvénients des trois éléments politiques.*

La démocratie est naturellement inquiète, aventureuse, turbulente ; dévorée par l'amour du progrès, ou plutôt du changement, elle ne peut atteindre à la stabilité ; ses lois semblent provisoires ; elle est toujours menacée par le despotisme ou l'anarchie, et ne peut subsister long-temps sans dictature, ostracisme, censure ou coups d'état.

L'aristocratie a *l'esprit de suite*, mais elle est naturellement égoïste ; et, dominée par l'esprit de corps, elle fait de grandes choses, mais *dans son intérêt.*

Le principe monarchique a pour lui quatre choses précieuses : unité, célérité, esprit de suite, stabilité. L'histoire atteste aussi qu'il est plus favorable à la paix. Mais il tend au despotisme s'il n'est contenu, et les abus semblent croître plus à l'aise sous son auguste ombrage.

Combinez ces trois éléments de manière que la démocratie conserve sa vigueur et sa hardiesse, tempérées, quand il le faut, par les deux autres éléments ; que l'aristocratie vise aux grandes choses, mais dans l'intérêt du pays tout entier ; qu'elle se retrempe sans cesse dans la démocratie ; qu'elle ne sépare jamais ses intérêts des intérêts généraux du pays ; et que la monarchie, soutenue et contenue par les deux autres éléments, les modère l'un par l'autre, et soit pour le pays un *palladium* contre toute agression intérieure ou extérieure. Un pouvoir législatif établi sur cette triple base exprimera bien les vœux du pays, stipulera ses intérêts permanents, ainsi que ses intérêts variables, et satisfera mieux que tout autre les besoins sociaux.

Ce problème, que les publicistes anciens regardaient comme insoluble, et dont le génie de Montesquieu trouva la solution, sera bien résolu quand la Charte de 1830 aura pris dans nos mœurs les racines que le temps seul peut lui donner. (V. p. 177.)

Chapitre 8. — *De la branche démocratique.*

La branche démocratique doit exprimer aussi exactement que possible tous les besoins et tous les vœux du pays. Elle ne peut les exprimer que lorsqu'elle est le résultat d'une élection à laquelle prennent part tous les citoyens dignes et capables d'émettre un vote indépendant et éclairé.

La loi règle les formes de l'élection et les circonscriptions électorales suivant l'état, les mœurs et l'intérêt du pays. Elle fixe des conditions d'éligibilité, parce qu'il importe à la nation entière qu'aucun collége électoral ne puisse faire un choix dangereux pour la chose publique.

Les circonscriptions électorales exercent une grande influence sur l'assemblée des élus : un député de *département* avait plus de force morale que n'en a le député *d'arrondissement*, parce que son mandat était plus large. Un député de département aurait plus de force pour résister aux séductions du pouvoir, comme aux tracasseries des électeurs et aux menaces des partis.

Il faut un cens d'éligibilité pour garantir au pays que l'élu ne spéculera pas sur les suffrages de ses concitoyens.

Il faut déterminer les incompatibilités avec précision, et de manière 1° que les fonctions législatives soient toujours dignement remplies, 2°

et que le service public ne souffre pas de l'absence des fonctionnaires.

Deux exemples feront mieux comprendre l'importance de ces principes : un aide de camp de Charles X était député ; un jour il proposa un amendement qui déplut aux ministres ; le soir même on le mande au château, il arrive, et son maître lui ordonne de voter contre l'amendement... On dit que l'aide de camp obéit. Lorsque le président d'un tribunal composé de trois juges est à la chambre des députés, la justice est en souffrance dans l'arrondissement.

Il faut élargir assez le cercle des incompatibilités pour empêcher que les fonctionnaires ne soient en majorité dans la chambre élective : car une majorité de fonctionnaires priverait le pays des principaux avantages du gouvernement représentatif, et aggraverait les inconvénients de ce gouvernement. (V. p. 214.) Ce n'est pas à celui qui pourrait profiter des abus qu'il faut confier le soin de les extirper. (V. p. 148.)

La probité, la pureté des mœurs, l'instruction, la capacité, la fermeté, le dévoûment à la patrie et l'amour du gouvernement national, sont des conditions tacites d'éligibilité. Ces conditions deviennent plus sévères à mesure que les électeurs comprennent mieux l'importance de leurs suffrages, et que le pays apprécie mieux les avantages féconds du principe électif. (V. ci-après *Du principe électif.*)

Il n'est pas indispensable qu'un député connaisse parfaitement toutes les branches de la science législative (V. tit. préliminaire); mais il faudrait au moins que l'une de ces branches lui fût familière et qu'il ne fût étranger à aucune.

Le citoyen qui accepte les hautes fonctions de législateur doit au pays son temps, ses études et tous ses soins. A la vérité, il ne doit compte de son mandat qu'à sa conscience et à Dieu; mais s'il remplit mal ses fonctions, par ignorance, incurie, ou mauvaise foi, il mérite le mépris de ses concitoyens. Il remplit mal son mandat s'il vote sans examen; s'il ne fait tous ses efforts pour soutenir et améliorer les lois et le gouvernement du pays; s'il accorde à la haine, à l'amitié, à l'espérance, à la crainte ou à la corruption, un suffrage qui appartient au corps social; s'il sacrifie l'intérêt général à l'intérêt de localité, à l'intérêt de parti, d e coterie, ou à tout autre intérêt particulier : dans tous ces cas, il n'agit pas en *bon et loyal député*. (V. p. 211.)

CHAPITRE 12. — *De la branche patricienne.*

Il est convenable, il est juste, il est utile au pays, que les citoyens les plus éminents et les plus illustres concourent à la confection des lois. Il faut que la gloire, les grands talents et les grandes capacités, forment une branche du pouvoir législatif. Les patriciens, placés au dessus des intérêts locaux, dégagés de tous liens étroits, ne puisant leurs inspirations que dans l'intérêt général, impriment aux lois un caractère de généralité qui impose silence aux dissentiments locaux.

La manière dont se forme cette branche importe peu : ce qui importe, c'est que toutes les illustrations du pays y trouvent place, et qu'elle n'admette que les *illustrations réelles*. Tout alliage du mauvais avec le bon rend le bon mauvais.

L'hérédité convient au patriciat, mais elle ne lui est pas essentielle : chaque pays adopte le système qui convient à ses mœurs.

CHAPITRE 13. — *Participation du chef de l'état au pouvoir législatif.*

Celui qui préside à l'exécution des lois est le mieux placé pour savoir quels changements il est utile d'y introduire ; il fera d'ailleurs exécuter les lois d'autant mieux qu'il en est l'auteur.

Le chef de l'état doit soumettre tous les projets de lois à des commissions composées des hommes spéciaux les plus capables en chaque matière, ensuite à ses conseils. Par ce moyen, chaque loi se trouvera l'œuvre des hommes les plus aptes à la bien faire.

CHAPITRE 13. — *Mécanisme des trois branches du pouvoir législatif.*

La branche élective exprime les vœux du pays ; la branche patricienne, plus calme, arrête, au

besoin, les flots démocratiques; et le chef de l'é-
tat, placé au sommet de l'édifice constitutionnel,
voit le choc des partis, compte les forces, et, d'une
main ferme, dirige le gouvernail vers le bonheur
social. La presse et les pétitions éclairent le jeu
de cette belle machine.

Ainsi, les besoins populaires viennent à flots
précipités battre les pieds de la tribune plébéienne;
de là, modifiés, ils arrivent aux patriciens, et parviennent ensuite, plus calmes, jusqu'au trône; le
trône s'approprie la volonté nationale, sanctionne
et proclame cette volonté, qui redescend aussitôt
graduellement, jusqu'à la moindre chaumière,
jusqu'au plus obscur citoyen.

Quand ces trois branches seront constituées
complétement en France, le bonheur social pren-
dra un essor tel, que les rois absolus eux-mêmes
s'empresseront de nous imiter, comme la France
imita l'Angleterre, en appropriant à son génie
particulier cette forme de gouvernement, la plus
utile aux gouvernants et aux gouvernés.

CHAPITRE 14. — *Règles des assemblées législatives.*

1° Les assemblées législatives ne doivent rien
faire contre la constitution.

2° Chacune est souveraine dans sa sphère.

3° Majorité fait loi. Tout ce que la majorité dé-
cide est réputé l'œuvre de l'assemblée entière. Les

membres absents sont réputés adhérer aux décisions des membres présents.

4° L'assemblée est toute-puissante sur elle-même, pour la vérification des pouvoirs, pour la police intérieure, pour les infractions au règlement et leur punition.

5° Elle ne doit point se réunir d'elle-même : « car un corps n'est censé avoir de volonté que » lorsqu'il est assemblé; et s'il ne s'assemblait pas » unanimement, on ne saurait quelle partie serait » véritablement le corps législatif, celle qui serait » assemblée ou celle qui ne le serait pas. » (*Esprit des lois*, liv. II, ch. 6.)

6° « La puissance exécutive doit avoir toujours » le droit d'arrêter les entreprises du corps légis- » latif, autrement celui-ci deviendrait despotique. » (*Ibidem.*)

» 7° Les ministres doivent être entendus quand ils le demandent.

» 8° Il n'y a pas de meilleur instrument pour la tyrannie qu'une assemblée quand elle est avilie. Elle consacre les actes les plus arbitraires par un faux air de consentement national. » (Madame de Staël.)

CHAPITRE 16. — *Des choses qui sont de l'essence du gouvernement représentatif.*

Sept choses sont de l'essence de ce beau gouvernement : l'inviolabilité du chef de l'état, la responsabilité des ministres, l'élection, la liberté de tribune, le droit de pétition, la publicité, et une opposition. Chacune de ces choses a ses inconvénients sans doute (V. p. 214), mais chacune aussi procure au pays d'immenses avantages, et le plus grand de tous c'est de préserver le corps social de dictature, d'ostracisme, de censure et de coups d'état.

Les rouages de ce gouvernement sont à jour, et leur jeu fait un bruit gênant pour les oreilles habituées au calme des monarchies pures. Le peuple dont les mœurs répugnent au *mouvement constitutionnel* doit s'abstenir du gouvernement représentatif, qui, lorsqu'il est mauvais, est le pire des gouvernements. Le peuple, qui est capable de le supporter, doit travailler sans cesse à en diminuer les inconvénients et à en développer les avantages.

§ 1ᵉʳ. *De l'inviolabilité du chef de l'état et de la responsabilité des ministres.*—L'inviolabilité du chef suprême est établie dans l'intérêt du pays; l'intérêt du pays est donc qu'elle ne souffre aucune atteinte.

Elle repose sur une fiction précieuse : *Le roi ne peut vouloir que le bien général;* mais cette fiction repose elle-même sur une réalité : *Le bonheur du chef est inséparable du bonheur général.* Pour que le roi ne soit responsable de rien, il faut que ses ministres soient responsables de tout. L'inviolabilité du chef est donc inséparable de la responsabilité des ministres. Un proverbe anglais exprime énergiquement ce principe : « Il n'est de bonne constitution que celle qui est écrite sur peau de ministre. »

La conséquence de ces grands principes constitutionnels est que tout le bien qui se fait, se fait par la volonté du roi ; que tout le mal est présumé fait contre sa volonté ; qu'ainsi le roi doit être béni pour tout le bien et ses ministres punis pour tout le mal que le gouvernement fait au pays.

CHAPITRE 17. — *Du principe électif.*

L'élection a pour but : 1° de faire connaître légalement les vœux de la nation; 2° d'intéresser au gouvernement le plus grand nombre possible de citoyens; 3° d'épurer les mœurs; 4° d'appeler aux affaires les citoyens les plus capables et les plus dignes.

Pour atteindre ce but, il faut : 1° qu'elle descende le plus possible dans les masses, et ne s'arrête que là où commencent les ténèbres, là où l'indépendance de l'électeur serait douteuse; 2° qu'elle soit exempte de corruption; 3° qu'elle reste parfaitement libre; 4° enfin qu'elle impose la condition d'un cens électoral.

Plus est grand le nombre des électeurs, mieux est exprimé le vœu général, pourvu que toutes précautions aient été prises pour que les votes soient éclairés, purs et libres.

Il faut un cens électoral. « Les individus qui n'ont rien, disait Mirabeau, perdent mal à propos leur temps dans les élections, et se laissent facilement corrompre. Les exclure, c'est le moyen de leur inspirer l'envie de sortir de l'indigence. » Le cens doit être fixé suivant l'état des mœurs et des richesses, de manière à donner suffisante garantie de lumières et d'indépendance.

Si le budget de l'état et les lois de finances étaient les seuls objets soumis à l'examen du pouvoir législatif, il suffirait d'appeler à voter ceux qui paient le plus d'impôts; et le cens, alors, serait une base équitable pour tous. Mais tous les actes législatifs ne sont pas des lois de finances; la richesse n'est qu'un des éléments du bonheur social, et le législateur s'occupe de tous. Il faut donc, à côté du cens, admettre d'autres bases et d'autres titres. Un général couvert de cicatrices, un général qui sut commander en chef nos armées, et qui publia sur l'art militaire d'utiles travaux, n'est pas électeur, — parce qu'il est resté pauvre, pauvre comme Aristide, comme Carnot! Ce qui l'honore l'exclut..... — Est-ce convenable? est-ce juste? est-ce politique? Faites du droit électoral une récompense, vous en doublerez le prix et les heureux effets. Celui qui reçut, en combattant pour son pays, plusieurs blessures, a droit à s'occuper du bonheur de sa patrie, autant que celui qui paie quelques impôts; et celui qui jouit d'une pension de retraite a grand intérêt au maintien des institutions qui la lui assurent. Compter les services pour rien, c'est nuire au pays.

CHAPITRE 18. — *De la tribune, du droit de pétition et de la publicité.*

La tribune est la garantie des autres garanties; quand Bonaparte la rendit muette, il faussa le système représentatif.

Tout citoyen a la faculté de se plaindre, s'il est blessé dans ses droits, et de proposer les améliorations qu'il désire : — Mais le droit de pétition, comme tous les autres droits sociaux, est soumis à des règles dans l'intérêt général du pays.

La presse est le principal organe de la publicité; la publicité fait quelques maux sans doute, mais elle en prévient de plus grands, et en plus grand nombre; on la compare à la lance d'Achille, qui guérissait les blessures qu'elle avait faites. — La presse, d'ailleurs, est une soupape de sûreté, un des meilleurs moyens de connaître les vœux du pays; mais elle a besoin de règles sévères, parce qu'elle est sujette à de funestes écarts. (V. p. 251 et 257.)

CHAPITRE 19. — *De l'opposition.*

L'opposition est l'arc-boutant du gouvernement représentatif; son rôle est de surveiller les actes des gouvernants, de rechercher et signaler toutes les fautes du pouvoir, de hâter les améliorations, de contrôler tout, et de tenir toujours le pouvoir en haleine. — Ceux qui cherchent à le renverser

ne font pas de l'opposition, mais de la *trahison*.
— L'opposition, libre du poids des affaires, peut
s'avancer dans la voie des améliorations plus har-
diment que ceux qui tiennent le gouvernail.

Quand le monarque appelle au ministère des
hommes hostiles au pays, le devoir de l'opposition est d'user de tous les moyens constitutionnels
pour écarter ces hommes, en prenant les précautions nécessaires pour que leur expulsion s'opère
sans altérer les pouvoirs du chef de l'état. L'a-
dresse des 221 fut un modèle de fermeté, de con-
venance et de modération ; elle exprimait le vœu
national ; et si Charles X eût écouté la voix du
peuple, constitutionnellement et respectueuse-
ment exprimée, il n'aurait pas été réduit au coup
d'état qui l'a perdu.

L'opposition *rationnelle* est un devoir pour tout
membre d'une assemblée législative ; elle consiste
à repousser toute proposition mauvaise ou dangereuse, à soutenir ou proposer tout amendement
qui *améliore*.

L'opposition *systématique*, au contraire, consiste à repousser tout ce que le pouvoir propose, à
soutenir tout ce qu'il repousse. Une telle opposition n'est excusable qu'alors que la majorité croit
ne devoir plus concourir avec les ministres. Dans
ce cas, le chef de l'état change de ministres, s'il
reconnaît que le bien du pays l'exige ; s'il croit,
au contraire, que la majorité est injuste, ou aveu-
glée par les passions, il use des prérogatives que

la constitution lui donne. Mais si le remède est insuffisant, si la majorité persiste, le chef de l'état
cède à la volonté nationale. (V. au liv. VI, *Des
concessions.*)

Entre le pouvoir national et l'opposition vraiment nationale, il ne doit y avoir que l'intervalle
qui sépare le *bien* du *mieux*. Dès que l'opposition
prouve au pays qu'elle ferait *mieux*, le pays fait
passer le pouvoir dans ses mains, et l'avénement
d'un nouveau ministère doit toujours être le signal
de progrès nouveaux.

Que dire d'une opposition qui s'efforcerait d'a-
moindrir le pouvoir ? qui pactiserait avec des fac-
tions ?

L'opposition ne devient formidable que lorsque
le gouvernement est devenu insupportable ; alors
un coup d'état, quelque bien combiné, quelque
bien soutenu qu'il puisse être, doit finir par le renversement du pouvoir détesté. Chez un peuple é-
clairé, les baïonnettes, et les fortifications elles-
mêmes, sont intelligentes !

Quand le gouvernement est vraiment national,
l'opposition, loin de lui nuire, le soutient, parce
qu'elle empêche les fautes qui le dépopularise-
raient. « On ne peut s'appuyer que sur ce qui ré-
» siste. » (M. Dupin.)

Lorsqu'on sait gouverner, on tourne vers le bien
public même les forces de l'opposition, comme un
bon pilote utilise les vents contraires.

CHAPITRE 20. — *Inconvénients du gouvernement représentatif.*

L'élection, la tribune, la publicité, l'opposition, le droit de pétition lui-même, ont de graves inconvénients. Eh! quelle chose en est exempte? Mais ces inconvénients, auxquels d'ailleurs il est possible de remédier, ont-ils empêché l'Angleterre d'étendre sa puissance?

Tant qu'on n'aura pas inventé une forme nouvelle qui puisse donner au pays tous les éléments du bien-être, sans dictature, sans ostracisme, sans coups d'état, le gouvernement constitutionnel sera considéré comme le meilleur et le plus parfait. Mais il n'est pas donné à tous les peuples d'en jouir! (V. p. 218.)

TITRE III. — DU POUVOIR EXÉCUTIF.

> L'exécution est la vie des lois.
>
> (Page 3.)

CHAPITRE 1ᵉʳ. — *Mission du pouvoir exécutif.*

L'organe exécutif du corps social est la loi vivante, la loi en action; sa force est la garantie de tous les citoyens.

Chargé de pourvoir à la sûreté et à l'administration de l'état, à la sécurité des personnes et des propriétés, toujours et partout, il a besoin d'avoir partout des yeux et des bras ; — et ses yeux doivent être constamment ouverts, — et ses bras toujours armés.

L'organe législatif peut se reposer. Le pouvoir exécutif ne le peut jamais : les citoyens ne dorment tranquilles qu'autant qu'il veille toujours sur eux et pour eux.

L'organe législatif délibère, et ses travaux exigent lenteur, maturité ; l'organe exécutif se hâte d'agir, pour dominer toujours le mouvement social.

Le pouvoir exécutif donne à tout l'impulsion ; et quand l'impulsion qu'il donne est en harmonie avec les besoins sociaux, quand le bien général est l'unique but de ses efforts, tous les mouvements de la machine sociale concourent à l'accroissement du bonheur des citoyens.

CHAPITRE 2. — *Que faut-il au pouvoir exécutif pour bien remplir sa mission ?*

Pour faire bien exécuter les lois, il faut 1° des agents, 2° des moyens de gouverner, 3° unité d'action.

Si l'une de ces trois choses manque, il faut que le législateur y supplée ; sinon le pouvoir exécutif est réduit à l'alternative d'usurper ou de gouverner mal.

Chapitre 3. — *Des agents du pouvoir exécutif.*

Le nombre, les titres, les attributions des agents du pouvoir, ainsi que leur rétribution, doivent être soigneusement réglés par la loi; mais la loi ne peut faire que l'état soit bien gouverné sans agents, — sans moyens suffisants.

La règle est qu'il faut pourvoir à tous les besoins sociaux convenablement; tenir le nombre des agents en rapport avec ces besoins; ne rétribuer que les fonctions auxquelles il serait impossible de bien pourvoir sans rétribution; et fixer la rétribution de manière que les postes soient toujours bien occupés et les fonctions bien remplies. (V., ci-après, *Moyens de gouverner.*)

Il faut, autant que possible, donner comme salaire ou complément de salaire l'*honneur* et la *considération*, deux choses précieuses, qui n'ajoutent pas aux charges publiques, et qui augmentent le bonheur des citoyens.

Plus sont respectables et respectés les dépositaires de l'autorité, plus est respectée l'autorité.

Chapitre 4. — *De l'unité d'action.*

Les agents, quelque nombreux qu'ils soient, ne peuvent suffire, s'ils ne sont unis par une bonne hiérarchie.

La hiérarchie est bonne lorsque tous les agents

reçoivent l'impulsion d'un chef unique, parce qu'alors chacun se meut librement dans sa sphère, sans gêner l'action de ceux que la loi place au dessous, au dessus, ou à côté de lui. Par ce moyen tous les organes de la loi, se prêtant mutuellement appui, forment un faisceau qui protége efficacement le corps social et tous ses membres.

L'Espagne tournera dans le cercle vicieux des révolutions, tant qu'elle n'aura point l'unité d'action. La centralisation est essentielle à un bon gouvernement. (V. le *Traité de la centralisation* de M. de Cormenin.)

Chapitre 5. — *Quelle force il faut donner au pouvoir exécutif.*

En économie sociale comme en mécanique, il faut toujours proportionner la puissance à l'obstacle. Un corps social nombreux et riche, occupant un territoire ouvert, entouré de voisins belliqueux, a besoin d'un organe exécutif plus énergique et plus prompt que le peuple qui se développe à son aise sur un territoire inaccessible. Un pays sujet à révolutions a besoin, pour contenir les partis, d'un pouvoir plus vigoureux que le pays qui vit paisiblement sous l'empire de coutumes ou de lois respectées de ses habitants.

Chapitre 6. — *Il faut aux citoyens des garanties proportionnées à la force du pouvoir.*

Plus on donne de force au pouvoir, plus il faut de garanties contre ses erreurs volontaires ou involontaires ; et cependant il faut que les précautions qu'on prend pour l'empêcher de faire le mal ne l'empêchent pas de faire le bien. Le gouvernement constitutionnel donne au pouvoir toute la force dont il a besoin, mais l'entoure de contrôles qui l'empêchent de se nuire et de nuire au pays ; c'est ce qui en fait l'excellence.

Chapitre 7. — *Du chef de l'état.*

On ne peut concevoir un peuple sans gouvernement, un gouvernement sans chef. Le chef de l'état peut être, au gré du pays, unique ou multiple, temporaire, viager ou héréditaire ; il porte le titre qu'il plaît au corps social de lui donner.

Le titre importe moins qu'on ne pense : Bonaparte, premier consul à temps, avait plus de puissance que Louis XVI, monarque absolu ; et le roi constitutionnel des Français est parvenu à faire une chose que l'empereur Napoléon, dans sa toute-puissance, n'osa pas entreprendre : les fortifications de Paris. Ce qui importe au pays, c'est 1° que celui qui marche à sa tête soit investi de pouvoirs suffisants pour faire exécuter les lois en tout et par-

tout, et pour protéger la nation et les citoyens ; 2°
qu'il dispose des moyens nécessaires pour accomplir sa mission ; 3° qu'il veuille, sache et puisse
faire exécuter sans cesse la volonté nationale ; 4°
enfin que son intérêt soit toujours étroitement lié
à l'intérêt général. Le mode préférable est celui
qui réunit mieux ces quatre conditions essentielles
au bonheur social. (V. p. 215.)

CHAPITRE 8. — *Devoirs réciproques du chef et des citoyens.*

Chaque citoyen doit respecter dans le chef de l'état l'organe vivant de la société dont il est membre,
et lui obéir en tout ce qu'il ordonne pour l'exécution
des lois. (V. p. 231.) De son côté, le chef doit respect aux lois et protection à tous les citoyens. Il
doit faire tout ce qui dépend de lui non seulement
pour éviter d'être haï ou méprisé, mais encore
pour être aimé, estimé, respecté. La vie, l'honneur et la réputation du prince, font partie de la richesse nationale.

§ 1er. *Qualités nécessaires au chef de l'état.* —
Le chef de l'état devrait être à la fois homme de
bien, diplomate habile, guerrier intrépide ; généreux, et pourtant économe (1) ; affable, mais avec

____

(1) Charlemagne faisait vendre les œufs de ses basses-cours et les
herbes de ses jardins. (*Capit. de Villis*, art. 39.)—« Les courtisans
» nous crient : Donnez-nous sans compter ! Et le peuple : Comptez
» ce que nous vous donnons. » (MARIE LEKZINSKA.)

dignité ; ferme, résolu, mais plein de circonspec-
tion : une saillie de Philippe Ier compromit la paix
du royaume. Le chef de l'état devrait avoir des
antécédents irréprochables, des mœurs pures, un
dévoûment absolu au pays ; connaître à fond le
cœur humain ; l'histoire, le fort et le faible de son
pays et des nations rivales ; être toujours maître
de lui-même , inaccessible à la flatterie, à l'injustice , au favoritisme. « Les bons rois sont esclaves et leurs peuples sont libres » (MARIE LEKZINSKA.)

Machiavel recommande au prince *de n'être pas
meilleur que ceux qu'il gouverne ;* mais alors de
quel droit serait-il leur chef? Non, le prince n'est
jamais trop parfait.

Le chef est homme, et tout homme a ses défauts ; les institutions politiques doivent les prévoir
et y obvier. « Un empereur, disait dans sa retraite
Dioclétien, ne voit jamais la vérité de ses yeux. Il
est obligé de se fier à ceux des autres , et il est
presque toujours trompé.... Malgré la droiture de
ses intentions, le meilleur des princes se trouve
toujours le jouet de ceux qui lui dérobent la vérité. Il est trahi et vendu par eux. *Bonus , cautus ,
optimus, venditur imperator.* »

Les pétitions, la tribune, la presse, l'opposition,
voilà d'excellents yeux pour le monarque. Fénélon
disait au fils de Jacques II : « N'êtes-vous pas heureux d'être libre, pour faire tout le bien que vous
voudriez , et d'avoir les mains liées quand vous
voudriez faire du mal? Tout prince sage doit sou-

haiter de n'être que l'exécuteur des lois, et d'avoir un conseil suprême qui modère son autorité. »

Quand les institutions sont bonnes et solides, un monstre, un fou même, peuvent régner avec moins de danger.

§ 2. *Du chef multiple.* — Plusieurs volontés égales en puissance ne peuvent marcher long-temps sans se heurter. L'un des chefs veut la paix, l'autre la guerre; un troisième veut temporiser; pendant le débat, le territoire est envahi.

La responsabilité se perd en se divisant : cha-cun rejette sur autrui les fautes commises; au lieu d'unir leurs efforts pour améliorer la chose publi-que, les chefs se nuisent quelquefois entre eux, et le pays souffre. Pour balancer tous ces incon-vénients, quel avantage a-t-il? — Celui d'obéir à plusieurs, au lieu d'obéir à un seul.

Sans unité de commandement, point d'unité d'action, point d'uniformité d'exécution.

§ 3. *Du chef temporaire.* — Les peuples qui se donnent un chef *temporaire* veulent empêcher que le pouvoir ne tombe aux mains d'un enfant, d'un vieillard, d'un sot, ou d'un monstre; ils espèrent que l'élection appellera le plus digne, et que le désir d'une réélection maintiendra l'élu dans les bonnes voies... Au lieu de cela, presque toujours, l'intrigue écarte le plus digne, et l'élu exploite bien vite à son profit un pouvoir qui va finir.

Quelle *stabilité* peut-il y avoir, quand tout est remis en question tous les ans, ou même tous les cinq ans ? Le chef est-il au courant des affaires du pays, un autre le remplace, et prend à tâche de faire autrement que lui.

Quand le nord fait nommer son candidat, le sud est mécontent. Et que deviennent les secrets d'état quand le pouvoir change de mains si souvent ?

> Ces petits souverains qu'il (le peuple) fait pour une année,
> Voyant d'un temps si court leur puissance bornée,
> Des plus heureux desseins font avorter le fruit,
> De peur de les laisser à celui qui les suit ;
> Comme ils ont peu de part au bien dont ils ordonnent,
> Dans le champ du public largement ils moissonnent,
> Assurés que chacun leur pardonne aisément,
> Espérant à son tour un pareil traitement.
>
> (CORNEILLE.)

§ 4. *Du chef à vie.* — Le chef à vie n'a pas les avantages du chef temporaire ; il en a tous les inconvénients : *usufruitier du pouvoir*, et ne redoutant pas les chances d'une réélection, il fait produire à la chose, pour lui et les siens, tous les fruits possibles ; rarement il jouit en bon père de famille.

La monarchie élective perdit la Pologne.

§ 5. *Du chef héréditaire.* — A l'ombre d'un pouvoir que la mort même n'ébranle pas, la stabilité vivifie le pays ; et, plus le trône est solide, plus la loi peut laisser au citoyen de liberté sans compromettre la sécurité.

Le monarque et sa famille s'identifient avec la

nation ; l'unité nationale se personnifie dans eux ; il ne peut y avoir pour eux de bonheur que dans le bonheur général. Le monarque est placé trop haut pour redouter les illustrations et les gloires individuelles : Bonaparte eût-il détrôné Louis XVI? L'hérédité de la couronne est donc utile au peuple, et lui donne une grande force de cohésion, d'unité, de stabilité. Mais elle peut faire tomber le pouvoir dans les mains d'un enfant : *væ tibi terra cujus rex puer est!* (*Ecclesiaste*, ch. 10, v. 16.) Elle peut appeler au trône un incapable, un indigne. Il faut donc que la constitution prenne les mesures nécessaires pour garantir le pays contre toutes éventualités. Si elle n'a pas tout prévu, si le temps révèle quelque lacune, l'un des premiers devoirs du législateur est de la remplir au plus tôt, sans attendre que la nécessité vienne, escortée de l'urgence, forcer une détermination peu réfléchie. (V. p. 179.) Une bonne loi de régence eût évité de grands malheurs à la France! « *Multorum spes* » *cohibentur, si successor non in incerto.* » (TACITE.)

§ 6. *Contre-poids nécessaire aux monarchies.* — Plus le monarque est puissant, plus il faut de force aux pouvoirs chargés de lui faire contre-poids, car il est indispensable qu'ils aient assez d'autorité pour l'empêcher de faire le mal. (V. p. 218.)

Il importe au monarque lui-même et à sa dynastie, autant qu'au pays, que cette pondération existe et soit toujours respectée. Le bon plaisir laisse croître des abus qui finissent par l'étouffer.

On dit que l'échafaud du plus débonnaire de nos rois fut construit avec un arbre du Parc-aux-Cerfs.

Dans une monarchie constitutionnelle bien pondérée, tous les inconvénients de l'hérédité disparaissent, et le pays jouit avec sécurité des avantages réunis de la monarchie, de l'aristocratie et de la démocratie. Mais que de temps pour fonder ce gouvernement, pour l'approprier aux besoins d'une grande nation !

§ 7. *Du sacre.* — Le sacre n'ajoute rien aux droits du monarque, mais il ajoute beaucoup à la vénération des peuples. Voilà pourquoi Pépin, Hugues Capet, Napoléon lui-même, eurent soin d'entourer leur couronne de l'auréole divine.

Les fondateurs de dynasties avaient aussi la précaution de faire, de leur vivant, reconnaître leur fils pour successeur.

Tout ce qui peut rendre le sceptre plus respectable, — et sa transmission plus facile, — importe à la sécurité publique et au bonheur social.

CHAPITRE 9. — *Des ministres.*

§ 1er. *Importance des ministres.* — Suger, Sully, L'Hospital, Richelieu, d'Aguesseau, Colbert, Casimir Périer, ont des droits éternels à la reconnaissance des Français.

« C'est par les gens que le prince tient auprès
» de sa personne que l'on juge de son esprit et
» de sa prudence. » (MACHIAVEL.)

Le choix du prince doit être le verdict de la confiance générale. Quand un ministre a perdu cette confiance, qu'il s'éloigne. Se cramponner au pouvoir, c'est le moyen de le perdre et de se perdre pour toujours. Le pouvoir, comme le crédit, va chercher précisément ceux qui n'en ont pas besoin.

Dans le gouvernement représentatif, où toute responsabilité pèse sur les ministres, leur choix est encore plus important qu'ailleurs. Un mauvais choix a perdu Charles X !

Les difficultés semblent naître sous les pas des mauvais ministres, et disparaître comme par enchantement à la voix des bons ministres.

§ 2. *Il faut changer de ministres le moins possible.* — Plus on change de ministres, moins on est bien gouverné : les affaires souffrent. Les nouveaux-venus cherchent à faire autrement que leurs prédécesseurs, ne font pas toujours mieux, et le bien public a le sort du travail de Pénélope.

Il ne faut donc changer de ministres que dans les cas d'indispensable nécessité. Mais plus il importe de ne pas multiplier les changements, plus il importe de bien choisir, et de veiller à ce que ceux qui tiennent le gouvernail évitent d'encourir la haine du prince ou du pays.

§ 3. *Des bons ministres.* — Intégrité, dévoûment au pays, habileté, confiance publique, sont quatre choses indispensables à un ministre. Ces quatre choses supposent une connaissance parfaite des hommes et des affaires, des institutions, des lois et des mœurs; une grande pénétration, un jugement sain, des vues élevées. Ce n'est pas tout: un ministre doit avoir des manières aimables, un esprit conciliant, un grand fond de philanthropie, un caractère et une volonté fermes. Il lui faut aussi l'activité du jeune homme et la maturité du vieillard, le conseil, la résolution; il lui faut, en outre, dans un gouvernement représentatif, l'éloquence et l'action! Voilà pourquoi, depuis cinquante ans, nous comptons si peu de bons ministres! L'Angleterre est plus riche, parce que ses mœurs politiques sont plus avancées.

§ 4. *A qui appartient le choix des ministres.* — Les ministres sont les premiers agents du chef de l'état. A lui seul appartient de les choisir; mais il est de son intérêt et de son devoir de choisir les meilleurs. Le capitaine du navire est le plus intéressé au choix du pilote.

§ 5. *Nombre des ministres; leurs attributions.* — Il faut que la loi détermine le nombre, les attributions et la responsabilité des ministres.

Leur nombre doit être assez grand pour que chacune des branches principales du service public ait à sa tête un ministre; assez restreint pour que le chef de l'état puisse travailler avec tous.

§ 6. *Responsabilité des ministres.* — Chaque ministre répond du mal qu'il fait ou laisse faire, et du bien qu'il ne fait pas.

Il faut que la loi définisse clairement les cas de responsabilité ; fixe les formes de la procédure à suivre, ainsi que les peines ; et qu'elle donne garantie suffisante aux ministres et au pays.

Si les fonctions de ministre étaient placées par les lois ou par l'usage au dessus de toute attaque, les abus pulluleraient ; si elles offraient trop de péril, l'homme de bien n'en voudrait plus.

§ 7. *Solidarité des ministres.* — Il n'y a de solidarité que pour les mesures de haute politique ; ces mesures sont l'œuvre du cabinet entier. Pour les affaires courantes, chaque ministre répond des actes de son département. Il serait injuste, impolitique, de faire punir l'innocent pour le coupable.

CHAPITRE 10. — *Des conseils du prince.*

Le chef de l'état, quelles que soient ses lumières, ne saurait, seul, examiner sous toutes leurs faces les nombreuses questions que présente la marche des affaires. Il a besoin de s'entourer de conseils ; et mieux ces conseils sont composés, mieux la chose publique est gouvernée.

Ces conseils délibèrent et donnent un avis que le prince est maître de suivre ou de ne pas suivre.

§ 1er. *Du conseil des ministres.* — Le premier, le plus important des conseils du prince, est composé des ministres en exercice. — Les questions de guerre et de paix, les traités, les alliances, et toutes les questions de haute politique, de haute administration, doivent y être discutées, afin que le prince et tous les membres du cabinet puissent connaître les avantages et les inconvénients de la mesure à prendre.

Les ministres peuvent se réunir hors la présence du chef de l'état ; mais rien ne doit sortir de ces réunions sans son agrément.

Le chef de l'état préside quand il veut. L'exclure du conseil, c'est le condamner au rôle de *roi fainéant*. L'aristocratie anglaise peut s'en accommoder ; elle règne sous le nom du monarque. Mais, en France, il nous faut un *homme*, un homme voulant et pouvant faire exécuter nos lois. — La présence du prince au conseil ne gêne d'ailleurs que les ministres plus attachés au portefeuille qu'au pays.

§ 2. *Conseil privé.* — Il peut s'élever des questions sur lesquelles il importe au prince de prendre conseil en dehors de son ministère. Un conseil privé, composé des hommes les plus éminents, les plus versés dans les affaires du pays, et les plus intéressés à la prospérité publique, peut rendre à l'état de très grands services. Si Charles X, avant de signer les ordonnances, eût entendu les avis des Châteaubriand, des Martignac, des Chabrol, peut-être eût-il préservé la France des périls intérieurs et extérieurs dans lesquels il l'a précipitée.

§ 3. *Du conseil d'état.* — Le conseil d'état devrait être composé d'hommes éminents, choisis parmi les anciens législateurs et les anciens ad-

ministrateurs les plus distingués par leurs lumières et leurs services. Il élabore les projets de lois
et d'ordonnances, prépare la codification des lois,
provoque la révision de celles qui ne se trouvent
plus en harmonie avec les besoins du pays, et, de
plus, éclaire chaque ministre sur les questions dé-
licates que présente l'administration de son département.

Pour donner au conseil d'état l'importance et la
force morale dont il jouissait lorsqu'il dota la
France du code civil; pour trouver en lui ce phare
dont a besoin le corps législatif, et dont le pouvoir
exécutif ne saurait se passer, que faudrait-il? —
Le mettre à l'abri des orages ministériels.

§ 4. *Des conseils d'agriculture, de commerce,
d'industrie, des arts et des sciences.* — Une bonne
organisation de conseils supérieurs pour chacune
des grandes branches du travail rendrait plus
abondantes et plus sûres les sources de la prospérité. Chaque département, chaque arrondissement, auraient leurs conseils spéciaux, et les améliorations se propageraient plus promptement sur
le territoire social. (V. p. 57 et 161.)

CHAPITRE 11. — *Agents du pouvoir exécutif.*

L'administration de la chose publique exige un
grand nombre d'agents, qui tous, soumis au pouvoir central, font exécuter les lois, chacun dans
sa sphère, sur toutes les parties du territoire.

Pour faire exécuter 80,000 lois dans 40,000 communes et protéger les personnes et les biens de trente-six millions d'individus, qui tous s'efforcent de rendre leur condition meilleure, il faut beaucoup d'yeux et beaucoup de bras. Il faut surtout une bonne hiérarchie et de bons choix. Qualité vaut mieux que quantité. Le nombre doit être proportionné aux besoins du service, le traitement à la position sociale du fonctionnaire. Le traitement doit être assez modique pour que l'avidité ne s'empare point des emplois, comme d'un moyen de fortune; assez élevé pour que l'homme capable et digne aspire aux fonctions publiques, et qu'elles ne deviennent pas le patrimoine exclusif de la richesse ou de la médiocrité. (V. p. 35.)

Tout fonctionnaire est, dans le cercle de ses attributions, l'organe de la volonté nationale, et, comme tel, a droit au respect et à l'obéissance des citoyens. (V. p. 34.)

CHAPITRE 12. — *Du cumul et des sinécures.*

Le cumul prive l'autorité de l'assistance d'un grand nombre de citoyens, et ces citoyens de l'honneur et des avantages qui résulteraient pour eux des fonctions qu'ils n'exercent pas.

Toute sinécure est un vol fait au trésor public, un embarras pour l'administration, un scandale et un mauvais exemple pour les citoyens.

Chapitre 13. — *De l'obéissance.*

« La désobéissance, disait Zaleucus, est le plus grand fléau des cités. » Le pouvoir a droit à l'obéissance de tous les citoyens pris individuellement, et de tous les fonctionnaires publics, sans aucune exception ; mais il y a deux espèces d'obéissance.

§ 1ᵉʳ. *De l'obéissance passive.* — La force armée doit agir sans délibérer ; autrement il n'y aurait ni discipline militaire, ni armée. Voilà pourquoi l'autorité militaire est aux ordres de l'autorité civile. L'autorité civile délibère et ordonne ; l'autorité militaire obéit. Le soldat est tenu à l'obéissance passive, autrement l'armée serait un instrument inutile et dangereux.

L'officier doit-il obéir aveuglément ? — Oui, excepté dans le cas de violation flagrante de la constitution ou des lois. Qui pourrait blâmer le vicomte d'Orthez de sa noble conduite lors des massacres de la Saint-Barthélemy ?

§ 2. *De l'obéissance ordinaire.* — Tout fonctionnaire est présumé connaître parfaitement les lois qu'il est chargé de faire exécuter. Celui qui reçoit de son supérieur un ordre ne doit exécuter cet ordre qu'après s'être assuré qu'il est conforme aux lois ; et si l'ordre est contraire aux lois, son devoir est d'en avertir au plus tôt le supérieur qui l'a donné ; si ce dernier insiste, le fonctionnaire doit en référer au supérieur médiat. Dans le cas où l'ordre n'est pas révoqué, si le fonctionnaire persiste à le croire contraire aux lois, son devoir est de se retirer et d'avertir l'autorité supérieure.

Les fonctions religieuses exigent, comme toutes les autres, de la part de ceux qui les exercent, une obéissance franche et zélée aux lois du pays. (V. p. 98, 170 et 246.)

Enfin tous les citoyens doivent obéissance et respect aux lois du corps social dont ils font partie, et aux magistrats chargés de l'exécution de ces lois. (V. p. 17, 171, 182, 219 et 230.)

TITRE IV. — DU POUVOIR JUDICIAIRE.

> On peut juger du bien-être d'un pays
> par sa justice.
>
> (*Politique des intérêts*, p. 71.)

CHAPITRE 1ᵉʳ. — *Mission de ce pouvoir.*

L'organe judiciaire du corps social est chargé de maintenir la paix dans les familles, en procurant aux citoyens bonne et prompte justice. — Il lui faut pour cela trois choses, trois choses que le législateur peut toujours lui donner : de bons magistrats, de bonnes lois, et une complète indépendance.

CHAPITRE 2. — *De la magistrature.*

§ 1ᵉʳ. *Importance du magistrat.* — Il ne peut y avoir
de société sans justice, ni de justice sans magistrats ; et il importe aux citoyens que la magistrature soit bonne, parce que leur liberté, leur
fortune, leur honneur, sont dans sa main. « Les
» magistrats sont comme des dieux tutélaires qui
» protégent les citoyens. » (CHARONDAS.) « Le magis-
» trat est une loi vivante. » (M. DUPIN.) *Lex enim
cavet civibus, magistratus legibus.* (BACON.) « De la
» justice dépend l'ordre public. Les juges sont au
» premier rang de l'échelle sociale ; ils ne sau-
» raient être entourés de trop d'honneurs et de
» considération. « (NAPOLÉON.)

§ 2. *Qualités nécessaires au magistrat.* — Quatre
choses sont indispensables pour former un bon
magistrat : intégrité, lumières, indépendance et
fermeté.

On ne saurait prendre trop de précautions pour
empêcher les mauvais choix ; on ne saurait armer
la magistrature de trop de respect, de trop de
considération. Hélas ! quand la supériorité plaide,
quand la médiocrité juge, quand la décision dépend du choix de l'avocat, que devient le droit du
pauvre aux prises avec le riche ?

§ 3. *Incompatibilité de la magistrature avec d'autres fonctions.* — Le magistrat se doit tout entier à
la justice ; le peu de temps que lui laissent les de-

voirs de ses fonctions appartient à l'étude. Un magistrat, quelque instruit qu'il soit, a toujours à apprendre encore, pour mieux remplir sa mission.

Celui qui descend du siége pour se lancer dans l'arène des partis compromet sa *dignité*, sa considération et son *impartialité*. Lorsque deux électeurs d'opinions opposées ont un procès, le candidat-juge est obligé de se récuser, s'il veut n'être pas *injuste* ou *ingrat*. (V. p. 203.)

§ 4. *De l'inamovibilité et de l'avancement.*—L'indépendance du magistrat est le but de l'inamovibilité. Mais l'inamovibilité n'est pas toujours une garantie suffisante : l'espoir de monter est aussi puissant que la crainte de descendre. Il faut que l'avancement ait lieu de manière que l'injustice ne règne pas dans le sanctuaire même de la justice. Quel prestige aurait un magistrat nommé injustement? Nous voulons que la justice soit respectée; montrons-la toujours respectable.

Chapitre 3. — *Des lois dans leurs rapports
avec la justice.*

§ 1er. *Influence des lois fondamentales sur le droit privé.* — « Le droit civil, dit Bacon, tire sa » force du droit public. En effet, la loi veille sur » les citoyens; le magistrat veille à l'exécution de » la loi; mais le magistrat reçoit toute sa puissan- » ce de la puissance de l'état, de son organisation » politique et des lois fondamentales. Si la constitu-

» tion est saine, les lois seront efficaces ; dans le cas
» contraire , leur appui sera faible. » (V. p. 176.)

§ 2. *Des lois civiles et de l'équité.* — La loi ne
peut tout prévoir ; le magistrat doit cependant juger tout. En cas d'insuffisance ou d'obscurité de
la loi, le juge consulte l'équité naturelle et la jurisprudence , deux flambeaux qu'il doit avoir toujours à ses côtés.

L'équité du juge doit trouver dans l'esprit du
législateur ce qui n'est pas écrit dans la loi. Mais
il faut que le législateur laisse le moins possible à
l'arbitraire du juge ; il le faut dans l'intérêt des
citoyens, des lois et de la justice. Le magistrat
qui juge contre la loi, sous prétexte d'équité ,
commet iniquité : car l'équité veut , avant tout ,
que la loi soit exécutée. (V. p. 245.)

Il faut toucher le moins possible aux lois civiles
d'un pays. Le temps leur donne un prestige que
les plus habiles conceptions ne peuvent attribuer
aux lois nouvelles. (V. p. 172.)

§ 3. *Des lois pénales.* — L'impunité encourage
le mal ; il faut la rendre aussi rare que possible.
Quand la peine est trop forte, elle reste inappli-
quée ; lorsque elle est trop faible, on la brave.
L'équité veut, d'ailleurs, que la peine soit proportionnée au délit.

La peine doit être à la fois un épouvantail et
une correction pour les méchants ; une réparation
pour leurs victimes.

Un épouvantail... Si la *prison solitaire* et la *cécité*

pouvaient inspirer plus de crainte que l'échafaud, hâtez-vous de les introduire. Laissez au juge le choix de ces châtiments. L'homme pervers que la mort n'effraie pas reculera peut-être devant la cécité, devant la prison solitaire.

Une correction....., c'est à-dire un moyen de rendre le coupable moins mauvais; s'il devient pire, comme ceux qui sortent du bagne, le but est manqué. Si vous le rendez à la société quand il est devenu pire, vous mettez sciemment le loup dans la bergerie.

Une réparation... Faire payer les frais à la partie civile quand le voleur est insolvable, c'est l'iniquité la plus évidente.

§ 4. *Des lois de procédure.* — La marche de la justice prend le nom de procédure. Comme la forme emporte le fond, les lois de procédure ont beaucoup d'importance.

Toute procédure qui exige plus ou moins qu'il ne faut pour atteindre son but est vicieuse ; toute procédure qui n'a pour objet que d'attirer au fisc de l'argent est spoliatrice; toute procédure qui gêne l'exercice d'un droit est injuste.

La procédure doit être établie de manière à rendre les surprises aussi rares, aussi difficiles que possible.

La procédure criminelle doit inspirer sécurité aux bons, crainte aux mauvais. (V. p. 183.)

Que de changements à faire pour mettre nos lois en harmonie avec ces principes!

§ 5. *Fonctionnaires de l'ordre judiciaire.* — L'intérêt général veut que l'individualité du plaideur soit constatée par un fonctionnaire responsable, et qui présente des garanties de probité, de capacité, de solvabilité. Le besoin créa les offices, non pour les officiers, mais pour le public. L'intérêt public seul détermine leur nombre et leurs attributions. Les modifications que la loi peut toujours ordonner se font sans indemnité de la part de l'état; mais le législateur ne doit en faire qu'en cas de nécessité. Quand il croit devoir augmenter le nombre des officiers publics, à cause de l'accroissement des populations ou des richesses, les nouveaux doivent indemniser équitablement les anciens. (V. pag. 163.)

CHAPITRE 4. — *Indépendance du pouvoir judiciaire.*

§ 1er. *Le pouvoir judiciaire doit être indépendant.* — L'action du pouvoir judiciaire doit être libre, sous les lois. « Il n'y a point de liberté, dit Mon» tesquieu, si la puissance de juger n'est pas sé» parée de la puissance législative et de l'exécu» tive. Si elle était jointe à la puissance législative, » le pouvoir sur la vie et la liberté des citoyens » serait arbitraire, car le juge serait législateur. » Si elle était jointe à la puissance exécutive, le » juge pourrait avoir la force d'un oppresseur. » (*Esprit des lois*, liv. 6, ch. 6.)

§ 2. *Puissance des jugements.* — Tout jugement

est un verdict prononcé par l'organe judiciaire du
corps social, un verdict que le corps social lui-
même est présumé avoir prononcé ; voilà pourquoi il fait *loi* entre les parties. (V. pag. 187.)

Tout jugement en dernier ressort est présumé
juste, est réputé la vérité même : *Res judicata pro
veritate habetur.* Autrement les procès n'auraient
aucune fin. On abroge une mauvaise loi, mais nul
ne peut rétracter un jugement passé en force de
chose jugée.

Chapitre 5. — *Du jury.*

« La puissance de juger (au criminel) ne doit
» pas être donnée à un sénat permanent, mais
» exercée par des personnes tirées du corps du
» peuple, dans de certains temps de l'année, de la
» manière prescrite par la loi, pour former un tri-
» bunal qui ne dure qu'autant que la nécessité le
» requiert.

» De cette façon, la puissance de juger, si ter-
» rible parmi les hommes, n'étant attachée ni à
» un certain état, ni à une certaine profession,
» devient pour ainsi dire invisible et nulle. On n'a
» point continuellement des juges devant les yeux ;
» et l'on craint la magistrature, et non pas les ma-
» gistrats.

» Il faut même que le criminel, concurremment
» avec la loi, se choisisse des juges, ou du moins
» qu'il en puisse réunir un si grand nombre, que

» ceux qui restent soient censés être de son choix.

» Mais si les tribunaux ne doivent pas être fixes,
» les jugements doivent l'être à un tel point qu'ils
» ne soient jamais qu'un texte précis de la loi.
» S'ils étaient une opinion particulière du juge,
» on vivrait dans la société sans savoir précisé-
» ment les engagements que l'on y contracte.

» Il faut même que les juges soient de la con-
» dition de l'accusé, ou ses pairs, pour qu'il ne
» puisse pas se mettre dans l'esprit qu'il soit tom-
» bé entre les mains de gens portés à lui faire vio-
» lence. » (*Esprit des Lois, liv.* 6, *ch.* 6.)

On ne saurait prendre trop de précautions pour
que le choix des jurés présente aux accusés et à la
société les garanties les plus complètes. (V. p. 263.)

CHAPITRE 6. — *De la justice administrative et des
autres juridictions exceptionnelles.*

La justice administrative découle des mêmes
principes, exige les mêmes garanties que la justice ordinaire. Elle a aussi pour régulateur la loi;
et, quand la loi n'est pas assez claire, l'équité. Il
en est de même de tous les tribunaux d'exception
que le législateur a crus nécessaires. La justice n'a
pas deux balances.

CHAPITRE 7. — *Du ministère public.*

Le pouvoir exécutif doit avoir dans chaque juri-

diction des agents qui veillent à l'application fidèle des lois; ces magistrats, accusateurs publics,
tuteurs nés des incapables, et conservateurs de la
morale publique, ont les yeux toujours ouverts
sur les justiciables et sur les juges, sur les admi-
nistrés et sur les administrateurs.

Le ministère public est une magistrature mixte,
qui sert d'intermédiaire entre le pouvoir exécutif et
le pouvoir judiciaire; magistrature qu'il faut, dans
l'intérêt du pays, entourer d'une crainte respec-
tueuse. Un parquet vigilant et sévère peut empêcher beaucoup de fautes et beaucoup de crimes.
(V. pag. 183.)

TITRE V. — PARTICIPATION DES CITOYENS AUX POUVOIRS SOCIAUX.

CHAPITRE 1ᵉʳ. — *Participation des citoyens au pouvoir constituant.*

Tous les citoyens ont pris part ou sont présumés avoir pris part à l'établissement de la constitution (V. p. 9, 17, 21, 174); tous sont présumés
adhérer chaque jour à la conservation de ce grand
acte, qui les protége tous également. (V. pag.
175.) Tout l'édifice constitutionnel repose sur
cette grande fiction, qu'il faut travailler sans
cesse à rapprocher de la réalité. (V. p. 193.)

Chapitre 2. — *Participation des citoyens au pouvoir législatif.*

La constitution et les lois appellent tous les citoyens *réputés capables et dignes d'exprimer un vote indépendant et éclairé* à choisir, dans leur intérêt, ainsi que dans l'intérêt des non-appelés, des représentants qui concourent à la confection des lois et au règlement des charges publiques. (V. pag. 209.)

Chapitre 3. — *Participation des citoyens au pouvoir exécutif.*

Les citoyens participent au pouvoir exécutif comme soldats, comme gardes nationaux, comme électeurs des conseillers de la commune, de l'arrondissement, du département. Ils y participent encore dans les diverses fonctions gratuites ou salariées qu'ils acceptent.

Plus est grand le nombre des citoyens appelés à prendre part à la chose publique, plus il y a de sécurité pour tous, pourvu qu'on écarte avec soin les incapables et les indignes. (V. pag. 209.)

CHAPITRE 4. — *Participation des citoyens au pouvoir judiciaire.*

Les citoyens participent au pouvoir judiciaire 1° comme arbitres, 2° comme jurés, 3° comme magistrats, 4° comme fonctionnaires.

L'arbitrage volontaire est la meilleure et la plus ancienne des institutions; l'arbitrage forcé, la plus mauvaise. Il ne devrait y avoir d'autre arbitre forcé que le juge.

CHAPITRE 5. — *C'est au législateur à fixer les aptitudes.*

Tel citoyen est capable et digne de participer au pouvoir exécutif comme soldat, comme garde national, qui ne serait pas apte à participer au pouvoir législatif, ni même au pouvoir judiciaire. Tel est capable et digne de participer au pouvoir judiciaire comme juré qui ne serait pas apte à participer au pouvoir législatif, ni comme député, ni comme électeur. C'est au législateur à déterminer, suivant l'intérêt général et l'état du pays, les conditions que chaque citoyen doit remplir pour prendre telle ou telle part aux affaires publiques. (V. p. 35, 209 et 217.)

2ᵉ Partie.

MOYENS DE GOUVERNER.

Qui veut la fin veut les moyens.

TITRE I. — RÉFLEXIONS SUR CE SUJET.

Fox disait : « L'homme a droit d'être bien gou-
» verné. » Il aurait dû ajouter : « à condition de
» faire ce qu'il faut » : qui veut la fin veut les
moyens. »

Les moyens de gouverner sont bons ou mauvais, ordinaires ou extraordinaires.

La nation a toujours intérêt à donner aux pouvoirs constitués tous les bons moyens, et à lui
interdire les mauvais ; le gouvernement lui-même
est toujours intéressé à n'user que des bons. Comment se fait-il que les mauvais moyens soient employés si souvent? — Comme il se fait que l'homme
use du vice, quoique la vertu seule conduise au
bonheur? (V. pag. 104.) C'est qu'un bien apparent
cache souvent un mal réel, et que le besoin du
moment fait négliger les besoins futurs, les besoins permanents.

Il faut approprier soigneusement les moyens de
gouverner aux mœurs et aux besoins du pays.

TITRE II. — DES BONS MOYENS DE GOUVERNER.

CHAPITRE 1ᵉʳ. — *Quels sont les moyens ordinaires.*

Pour bien gouverner il faut 1° de bonnes lois, 2° une administration bien organisée, 3° une bonne justice, 4° des cultes respectés, 5° une instruction morale et religieuse, qui forme de bons citoyens; 6° un système de peines et de récompenses, qui les détourne du mal et les porte au bien; 7° une diplomatie, une force publique et des finances suffisantes; 8° une presse libre, mais bien réglementée.

L'administration et la justice, aidées par l'instruction, les cultes, les récompenses et les peines, maintiennent l'ordre à l'intérieur; la diplomatie veille au dehors; la force protége tout; les finances pourvoient à tout; la presse éclaire tout; la loi domine tout. Voilà comment, avec de *bonnes lois bien exécutées*, on procure au pays le bienêtre. (V. pag. 1ʳᵉ.)

CHAPITRE 2. — *De l'administration et de l'arbitraire.*

§ 1ᵉʳ. *De l'administration.* — L'administration est un réseau qui s'étend sur tout le territoire social, afin de protéger les citoyens, leurs propriétés, leurs travaux et leurs plaisirs. — Quand le réseau protége tout, sans gêner les bons citoyens, l'administration est excellente; quand il protége en gênant, elle est vicieuse; quand il gêne sans bien protéger, elle est mauvaise.

L'administration doit avoir pour chef suprême le chef de l'état, afin que la volonté générale soit exécutée partout uniformément. — Tous ses agents doivent être révocables à la volonté du chef, pour qu'elle marche avec ensemble. (V. p. 216.)

Tout administrateur est donc l'homme du pouvoir exécutif; mais il est bon qu'auprès de chacun soit un conseil qui représente les intérêts de la localité. Ce conseil est le contrôleur né de l'administrateur, dans l'intérêt de la localité. De son côté, l'administrateur est le surveillant naturel de ce conseil, dans l'intérêt général du pays. Quand ces deux intérêts sont en harmonie, la chose publique est bien conduite; quand ils ne le sont pas, il est urgent de faire cesser les causes de discorde. — L'harmonie dépend surtout du choix de l'administrateur, et de sa conduite.

§ 2. *De l'arbitraire.* — La loi ne peut tout prévoir; l'administration doit pourvoir à tout; de là, nécessité d'arbitraire; mais tout administrateur obligé d'y recourir se trouve dans la position de l'homme qui gère sans mandat : *il agit à ses risques et périls;* et s'il se trompe, malheur à lui ! (V. p. 280.)

CHAPITRE 3. — *De la justice.*

L'œil de la justice doit être constamment ouvert; son temple, accessible à tous; ses arrêts doivent être sacrés; et ses ministres, toujours respectés.

Il faut que la justice reste en dehors des partis, au dessus de tous; si la politique touche sa balance, elle la fausse, et malheur au pays!

Chapitre 4. — *Des cultes.*

Les croyances doivent compter parmi les meilleurs moyens de gouverner : la crainte de Dieu rend l'homme plus soumis. (V. p. 93 et 112.) Zaleucus dit avec raison : « La désobéissance est le » plus grand fléau des cités »; et Tacite : *Honor sacerdotii, firmamentum potentiæ.*

Nul ne doit remplir de fonctions religieuses avant d'avoir prêté serment d'obéissance aux lois du pays. (V. p. 232.)

Il faut des peines contre les fonctionnaires religieux qui manquent à leurs devoirs; il faut des tribunaux spéciaux pour appliquer ces peines.

Tant qu'il n'aura pas été pourvu à ces nécessités sociales, il y aura collision fréquente entre le temporel et le spirituel, et la chose publique souffrira. (V. pag. 93 et suiv.)

Chapitre 5. — *De l'instruction.*

L'instruction est aussi un puissant moyen de gouverner. Tous les ans, une jeune phalange sortie des écoles vient occuper les postes que la mort a rendus vacants. Si ces jeunes citoyens sont éclairés, intègres, laborieux, actifs, respectueux, la chose publique prospérera dans leurs mains ; s'ils sont mauvais, elle souffrira. (V. p. 119 et suiv.)

CHAPITRE 6. — *Des peines et des récompenses.*

Les récompenses et les peines sont le ressort le plus puissant des actions des hommes. La peine réprime, prévient et répare le mal ; la récompense, encourageant le bien, atteint plus heureusement le même but ; l'une dit au citoyen : « Ne sois pas mauvais » ; l'autre : « Sois honnête ».

Un bon système pénitentiaire diminuerait beaucoup le nombre des vices et des crimes ; un bon système de récompenses augmenterait beaucoup le nombre des bons citoyens. (V. pag. 37.) L'un et l'autre, bien combinés, accroîtraient le bonheur social.

Les fondateurs de Métray semblent avoir trouvé le meilleur moyen de corriger les jeunes condamnés ; mais ce qui suffit à l'adulte ne suffirait plus à l'homme. Il faut aux crimes invétérés la solitude, le travail, et surtout la religion. Sans le secours de la religion, il est impossible de ramener un criminel. La religion elle-même ne réussirait pas sans la solitude et le travail. L'essai fait à Poissy par un prêtre habile et plein de zèle a produit d'heureux effets : tous les convertis ne sont pas hypocrites. (V. *Considérations sur l'influence de la religion dans les maisons centrales de force et de correction*, par l'abbé LAROQUE, 1843.)

Il faudrait surtout ne rendre la liberté au condamné que lorsqu'une commission créée pour chaque prison jugerait qu'il est digne de rentrer dans la société.

CHAPITRE 7. — *De la diplomatie.*

Plus la civilisation avance, plus l'intelligence domine la force, plus la diplomatie gagne de terrain.

Quand les peuples comprendront que la terre est assez grande pour tous ; que, plus ils sont unis, plus ils sont heureux ; que le bien qui arrive à l'un profite indirectement aux autres ; que tout le mal qui se fait diminue le bien-être général de l'humanité, la diplomatie détrônera le canon. (V. p. 55.)

La diplomatie ne doit pas veiller seulement aux grands intérêts politiques du pays ; elle doit veiller aussi à ses intérêts commerciaux, et procurer aux citoyens la connaissance des découvertes nouvelles, de toutes les idées et notions utiles qui surgissent au dehors. (V. pag. 39, 44 et suiv.)

CHAPITRE 8. — *De la force publique.*

La force est l'indispensable sanction des lois et de la justice, la garantie de l'indépendance nationale, de la sécurité publique et du bien général.

Mais il faut que l'intelligence préside toujours à son développement et à son emploi. (V. p. 10 et 231.)

La nation qui ne développe pas assez de forces compromet son indépendance et la sécurité des citoyens ; celle qui en déploie trop aggrave inutilement les charges publiques, et se prive de tout ce que produiraient les bras qu'elle arrache à l'agriculture ou à l'industrie.

Le pouvoir législatif règle ce point important.

La force publique doit se diviser en trois parties : l'armée, la réserve, la garde citoyenne.

La garde citoyenne doit suffire au maintien de l'ordre intérieur. L'armée protége la frontière, les côtes, les ports, les places fortes, les colonies, les mers. L'armée est l'épée du peuple ; la réserve et la garde nationale forment son bouclier.

Il faut, pendant la paix, utiliser le temps du soldat ; il le faut pour lui, pour sa famille et pour le pays : pour lui, car, au lieu de perdre l'habitude si précieuse du travail, il apprend à travailler mieux, et gagne de quoi s'établir après le service ; pour sa famille, puisqu'il sera plus habile et moins pauvre qu'à son départ ; pour le pays enfin, parce qu'une partie du prix de son travail soulage le fisc, et que le jeune soldat apporte dans ses foyers des procédés nouveaux, des bras plus utiles et des capitaux fertilisants.

L'armée a deux choses précieuses en agriculture, deux choses qui manquent sur plusieurs points du territoire : des bras et des engrais. Sachons en

tirer parti ; notre charge la plus lourde pourra devenir une source nouvelle de richesses. Pourquoi ne
pas établir dans nos landes un camp de cavalerie ?
elles seraient bientôt fertiles , et des villages ne
tarderaient pas à s'y former.

En Angleterre, aux États-Unis, les officiers de
marine transportent des valeurs sur les vaisseaux
de l'état, et reçoivent une indemnité ; pourquoi ne
pas utiliser aussi notre marine militaire ?

CHAPITRE 9. — *Des finances*.

« Sans des finances réglées, dit un publiciste
moderne, point de succès pour les armes, de police ni d'ordre pour l'administration intérieure, de
bonne paix ni de bonne guerre. Avec son argent
Philippe mit Athènes sous le joug ; avec son argent Auguste pacifia Rome et le monde ; avec son
argent Henri IV amortit la ligue ; avec son
argent Napoléon soumit l'Europe ; avec son argent
Pitt soudoya les Russes et les Prussiens. L'Espagne n'a-t-elle pas une population héroïque ? Oui ,
mais elle manque d'argent. »

Les finances touchent à toutes les parties de
l'économie sociale ; voilà pourquoi l'on parle de
tout à propos du budget.

Les fautes en finances ont des résultats funestes
et long-temps funestes ! L'assiette de l'impôt, sa
répartition, les questions de douanes, les céréales
les travaux publics, l'organisation du travail, et

un mot toutes les matières sur lesquelles s'exerce l'économie politique, ont une grande action sur les finances du pays.

Chapitre 10. — *De la presse.*

La presse, la presse périodique surtout, est une chose utile ou dangereuse, suivant qu'elle est bien ou mal réglementée.

Rien de plus utile que de faire connaître aux gouvernements, jour par jour, les fautes commises par leurs agents, le vœu des populations et l'état des esprits. Mais rien de plus nuisible que de calomnier ou d'insulter impunément les hommes chargés de faire les lois ou de les faire exécuter.

Il faudrait que toute attaque dirigée contre un dépositaire de l'autorité fût l'objet d'une enquête et d'un jugement. Si elle est fondée, le fonctionnaire doit subir une peine; si elle ne l'est pas, l'auteur de la calomnie doit être sévèrement puni.

Affranchissez les journaux du timbre et des droits de poste, leur nombre augmentera, leur influence diminuera; mais exigez que tout article soit signé, que le rédacteur en chef soit solidaire civilement et criminellement avec l'auteur de l'article, et que les journalistes aient leur conseil de discipline, comme les avocats. Cette censure est la seule possible dans un pays de liberté.

Surtout mettez la vie privée à l'abri des attaques : l'honneur et la réputation d'un citoyen ne sont pas moins sacrés que sa récolte!

La presse, qui semble un embarras, peut devenir un puissant moyen de gouverner, si elle est
bien dirigée. (V. p. 205, 207, 214, 220 et 257.)

TITRE III. — MOYENS EXTRAORDINAIRES DE GOUVERNER.

La constitution laisse au pouvoir législatif la
disposition libre de tous les moyens de gouverner
qui peuvent convenir au pays, suivant les circonstances diverses dans lesquelles il se trouve.

Le pouvoir législatif, à son tour, livre au pouvoir exécutif tous ceux de ces moyens dont ce dernier a besoin pour bien conduire la chose publique ;
mais toujours dans les limites de la constitution.
Il peut, il doit prévoir les circonstances extraordinaires, telles que l'insurrection, l'invasion ; et,
pour ces cas, il doit laisser au pouvoir exécutif des
moyens extraordinaires, comme la loi martiale et
l'état de siége.

Mais il n'est jamais permis au pouvoir législatif
ni aux autres pouvoirs constitués de rien ordonner,
de rien exécuter contre la constitution. (V. p. 178.)

L'alien-bill, les impôts de guerre, les emprunts
forcés, les fortifications, les levées en masse, et
les autres moyens extraordinaires, doivent être
réservés au pouvoir législatif.

TITRE IV. — MAUVAIS MOYENS DE GOUVERNER.

CHAPITRE 1ᵉʳ. — *Principes généraux.*

La politique est la morale des nations et des gouvernements. En politique aussi bien qu'en morale, jamais le mal ne produit que du mal. Employer pour gouverner des moyens immoraux, c'est se condamner à la haine, au mépris et au remords. Laissez donc aux mauvais gouvernements les mauvais moyens. « Il faut que les pou-
» voirs s'honorent pour s'affermir. (Guizot.) « Les
» petits moyens retardent, sans les empêcher ja-
» mais, les grands résultats. » (Lamartine.)

CHAPITRE 2. — *Quels sont les mauvais moyens de gouverner.*

La corruption, la guerre, les divisions, l'agitation, la terreur, la superstition, la tyrannie, les lois d'exception, les coups d'état, la censure, l'obscurantisme, la mauvaise foi, l'apauvrissement des masses, les soldats étrangers (1), les massacres, les cours prévôtales, etc., tels sont les mauvais moyens que les mauvais gouvernements emploient afin de se soutenir malgré le pays ; mais.

___

(1) « Les armes d'autrui pèsent ou serrent, et manquent au besoin. » (Machiavel.)

l'histoire atteste que ces moyens hâtent leur chute.

Chapitre 3. — *De la corruption*.

La corruption est une lèpre qui ne respecte aucune espèce de gouvernement; on la trouve en Turquie, en Espagne, aux Etats-Unis, partout où il y a des hommes réunis en société. (V. p. 21.) Elle coule à pleins bords en Angleterre. Faut-il en conclure que la corruption est de l'essence du gouvernement représentatif? Non, mais qu'elle ronge les vieux gouvernements, comme la mousse appauvrit les vieux arbres; et que la prédiction de Montesquieu pourrait bien se réaliser : « Comme » toutes les choses humaines ont une fin, l'état » dont nous parlons perdra sa liberté et périra. » Rome, Lacédémone et Carthage, ont bien péri. » Il périra lorsque la puissance législative sera » plus corrompue que l'exécutive. » (*Esprit des lois*, liv. II, ch. 6.)

Non seulement le gouvernement représentatif n'est pas un gouvernement de corruption, mais au contraire un de ses avantages est d'épurer les mœurs. Le citoyen qui vise aux fonctions publiques, et qui ne peut y parvenir qu'au moyen d'une *élection*, se rend digne de la confiance de ses concitoyens; il se conduit bien pour ne pas être écarté. (V. p. 209.)

Mais si la corruption parvient à s'y introduire, si le candidat *achète* les voix des électeurs en *dé-*

tail pour les revendre en *gros* au pouvoir, le gouvernement est faussé, le but moral du principe électif est manqué. *Optimi corruptio pessima.* Qu'attendrait-on d'un législateur corrompu !

Chapitre 4. — *De la guerre considérée comme moyen de gouverner.*

L'homme d'état qui, pour maîtriser le corps social, fait la guerre au dehors, est un meurtrier. Le sang qu'il fait couler retombera sur lui. Non seulement il pèche contre la morale, mais il manque d'habileté. Une guerre injuste est plus dangereuse qu'une guerre juste. Il compromet l'existence du corps social pour lui donner un repos qu'il pourrait lui procurer par d'autres moyens, peut-être seulement en se retirant. Il fait un grand mal pour en guérir un moindre. La guerre faillit perdre Louis XIV; elle perdit Napoléon. (V. p. 20 et 142.)

Chapitre 5. — *Des divisions.*

« Diviser pour régner » est la devise du tyran. Le gouvernement national s'efforce, au contraire, de maintenir l'union et la paix dans les familles, seul moyen de les maintenir dans l'état. (V. p. 20, 142 et 281.)

CHAPITRE 6. — *De l'agitation et de la terreur*.

Porter l'agitation dans les esprits, la terreur dans les familles, la perturbation dans l'état, ce n'est pas gouverner, c'est conspirer. Il est vrai que les désordres matériels rapprochent du pouvoir les bons citoyens, forcent le législateur d'accorder certaines mesures nécessaires pour rétablir le calme, et quelquefois amènent des lois excellentes pour tous les temps. Mais ils sont toujours funestes aux gouvernants et aux gouvernés : aux gouvernants, parce qu'ils usent les ressorts du pouvoir ; aux gouvernés, parce qu'ils mettent en fuite la confiance et la sécurité ; aux uns et aux autres, parce qu'ils donnent au corps social une fièvre dont il est impossible de prévoir les conséquences matérielles et morales. Ainsi tout désordre est un mal pour le gouvernement et pour le pays. (V. p. 142 et 282.)

CHAPITRE 7. — *Des lois d'exception*.

On appelle ainsi les lois de circonstances, lorsqu'elles sont contraires à la constitution. Ces lois supposent un gouvernement anti-national ou une mauvaise constitution.

Toute loi d'exception est un crime de *lèse-constitution*, un appel au pouvoir constituant. (V. p. 175.)

Quand Bonaparte apparut, le 18 brumaire , au conseil des Cinq-Cents, plusieurs membres s'é--

crièrent : « La constitution! la constitution! »
Bonaparte répondit : « Vous l'avez violée. » Une
constitution violée ne protége plus le gouvernement. (V. p. 174.)

CHAPITRE 8. — *Des coups d'état.*

Toute mesure prise en dehors de la constitution par l'un des pouvoirs constitués est un *coup
d'état*. Les coups d'état ont pour motif l'intérêt public, et pour but le renversement de quelque obstacle nuisible au pays ; mais presque toujours ils
sont eux-mêmes nuisibles, et au pays, et au pouvoir : au pays, parce qu'ils altèrent la constitution ; au pouvoir, parce qu'ils usent ses ressorts et
le mettent à *découvert*.

Lorsqu'un obstacle réel se présente, le pouvoir
doit user de tous les moyens constitutionnels pour
le renverser ou le tourner, et le pays lui vient en
aide, par *instinct de conservation*, à moins que ce
pouvoir ne lui soit antipathique.

Un pouvoir n'est donc réellement en danger
que lorsqu'il est dangereux. Au lieu de recourir à
un *coup d'état*, qu'il s'amende, qu'il se fasse bien
venir, s'il en est encore temps. Que s'il lui est impossible de se plier aux besoins et aux vœux de la
nation, il doit se retirer, de gré ou de force, devant la *volonté nationale ;* et mieux vaut se retirer
sans *crime*. Quoi de plus misérable qu'Espartero
voulant gouverner les Espagnols malgré eux !

Chapitre 9. — *De la censure.*

La censure est incompatible avec la liberté de
la presse ; mais il faut protéger les citoyens contre
les calomnies et la diffamation : sans cela plus de
liberté.

Rien n'est plus utile, sans doute, que de faire
connaître aux gouvernants, jour par jour, les fautes commises par leurs agents, les vœux des populations et l'état des esprits ; la censure prive le
pays de ces avantages. Mais, d'un autre côté, rien
n'est plus nuisible que de calomnier ou d'insulter
impunément les hommes chargés de faire les lois,
ou de les faire exécuter. Ainsi la presse est utile
ou dangereuse suivant qu'elle est bien ou mal réglementée.

Le législateur ne doit pas se lasser de chercher
les moyens d'empêcher le mal sans gêner le bien.
*Il faut que chacun se serve de sa plume comme de son
couteau, sans blesser personne.* Le problème est
difficile à résoudre. On fera beaucoup d'essais encore avant de réussir ; mais le temps et l'expérience en viendront à bout.

Si les journalistes avaient leur conseil de discipline, comme les avocats, ce conseil exercerait
une espèce de censure, une censure paternelle,
qui serait utile au pays et à l'écrivain. Cette censure exercée par les écrivains sur eux-mêmes, en
dehors du pouvoir et sauf l'action publique, ne
serait pas contraire à la constitution.

On pourrait essayer aussi, pour les délits de presse, d'un jury spécial. Il faut à la presse des peines spéciales, un Code spécial. (V. ci-dessus, pag. 211.)

CHAPITRE 10. — *De l'obscurantisme.*

« On n'allume pas une lampe pour la mettre
» sous le boisseau ; mais on la met sur un chan-
» delier, afin qu'elle éclaire tous ceux qui sont
» dans la maison.

» Ainsi, que votre lumière luise devant les hom-
» mes...» (*Discours sur la Montagne*, v. 15 et 16.)

L'obscurantisme est un des plus mauvais, un des plus dangereux moyens de gouverner. Il est devenu, d'ailleurs, impraticable aujourd'hui que la lumière a pénétré partout. « Les hommes ne peu-
» vent plus être soumis que par la conviction, con-
» duits que par la vérité, attachés que par leur vé-
» ritable bonheur ; l'art de la politique et du gou-
» vernement est réduit à la reconnaissance
» de leurs droits et aux soins de leur en faciliter
» l'exercice, pour le plus grand bien de tous, avec
» le moins de dommage possible pour chacun. »
(Mme ROLLAND.)

Un gouvernement qui redoute la lumière est nécessairement mauvais ; celui qui ne fait, qui ne veut que le bien, ne craint pas la lumière. Le mal se plaît dans les ténèbres ; le bien se plaît au grand jour. (V. pag. 37, 97, 128, 159 et 166.)

TITRE V. — DES CHARGES PUBLIQUES.

CHAPITRE 1er. — *Leur but.*

L'unique but des charges publiques est de procurer au pays les moyens de gouverner dont il a
besoin pour être heureux. Celles qui s'éloignent
de ce but doivent être supprimées ou remplacées.
« On peut alléger les charges publiques ; mais les
supprimer est impossible. Entre un gouvernement
et ses charges, entre l'anarchie et toutes ses hor-
reurs, il faut opter : les charges sont le prix du
bien-être. » (*Politique des intérêts*, p. 233.)

CHAPITRE 2. — *Par qui elles sont réglées.*

La loi fixe la quotité des charges publiques, leur
assiette et le mode de répartition ; elle détermine
le contingent de chaque département ; le conseil
général fait la part de chaque arrondissement ; le
conseil d'arrondissement, celles des cantons ; un
comité cantonnal fait la répartition entre les communes ; et le conseil municipal détermine la quotité de chaque citoyen ; — le tout conformément
aux lois.

Quand le pays a réglé lui-même, par ses man-
dataires, les charges à supporter, il les subit facilement, alors même qu'elles seraient lourdes et
mal assises. Quand il ne les fixe pas, elles lui

semblent intolérables, quelque légères qu'elles soient : comparez le budget de 1844 à celui de 1789 !

CHAPITRE 3. — *Comment elles doivent être réparties.*

Les charges publiques sont le prix de la jouissance des avantages que la société garantit à chaque citoyen ; chaque citoyen y doit donc contribuer dans la proportion des propriétés ou du travail qu'il met sous la protection commune.

Le législateur doit alléger les charges autant que le permettent les besoins du service, les asseoir de la manière la moins gênante, et les répartir aussi équitablement qu'il est possible. Il faut que l'économie préside à la fixation de toutes les dépenses. L'économie consiste, non à ne pas dépenser, mais à dépenser le moins possible, et toujours à propos.

CHAPITRE 4. — *Comment on peut apprécier*
les charges publiques.

Lorsqu'on veut peser les charges qui grèvent un peuple, il faut mettre ses ressources dans l'un des plateaux de la balance, et réunir dans l'autre plateau les charges de toute nature, générales ou locales ; il faut aussi tenir compte du mode de répartition ; car un fardeau pèse plus ou moins, suivant la manière dont il est porté.

Chapitre 5. — *En quoi elles consistent.*

Toutes les charges publiques se résument en deux choses : hommes et argent.

Les charges publiques en hommes consistent dans le recrutement, le service de la garde nationale, le jury, et les élections.

Les charges publiques en argent doivent toutes figurer au budget de l'état.

Chapitre 6. — *Du recrutement.*

Un peuple entouré de voisins puissants a besoin d'une armée permanente et d'une réserve toujours prête à soutenir l'armée. Il faut que la réserve et l'armée soient capables de résister aux agressions possibles. Telle est la règle.

Il serait à souhaiter que les enrôlements volontaires fussent assez nombreux pour alimenter l'armée. Il faudrait combiner le budget de la guerre, le code militaire, le système des récompenses, et les lois sur l'organisation du travail, de manière à obtenir ce précieux résultat. En attendant, le recrutement doit se faire avec toute l'équité possible, et le législateur doit accorder quelques dégrèvements aux familles obligées de payer l'impôt du sang.

CHAPITRE 7. — *Du service de la garde nationale.*

Il faut, en temps de paix surtout, réduire le
service au strict nécessaire , afin de ne pas fati-
guer inutilement les citoyens, et de ne pas leur
faire perdre un temps précieux pour le travail ;
tout service inutile est dangereux. Il faut aussi ,
par des récompenses données à propos, soutenir
le zèle des citoyens.

La garde nationale de Paris a préservé la France
de malheurs incalculables ; elle a bien mérité de
la patrie. Ses baïonnettes , vraiment intelligentes ,
soutiennent le trône constitutionnel qu'elles aidè-
rent à inaugurer. Honneur à la garde parisienne !

CHAPITRE 8.— *Du jury.*

C'est une charge bien lourde , mais bien belle ,
que l'obligation de condamner ou d'absoudre les
accusés ! L'honneur de faire partie du jury serait
aussi recherché que l'honneur de faire les lois ou
d'être membre d'un conseil général, s'il était dé-
cerné par les électeurs; et le jury se trouverait
plus en harmonie avec les principes du gouvernement représentatif. Mais la matière est si délicate,
que le pouvoir législatif, avant de faire un changement, doit attendre que les mœurs constitutionnelles aient fait plus de progrès. (V. p. 172 et
238.)

CHAPITRE 9. — *Des élections.*

Celui qui réunit les conditions nécessaires pour être électeur manque à son devoir de citoyen s'il néglige de voter. Le grand nombre des citoyens qui se rendent coupables de cette négligence prouve que les mœurs constitutionnelles sont peu avancées.

Le titre d'électeur ne donne pas seulement un droit, il impose un devoir : un devoir envers les citoyens qui ne sont pas aptes à voter; un devoir envers le pays, qui a toujours intérêt à ce que ses vœux et ses besoins soient exprimés par le plus grand nombre possible de suffrages. (V. p. 209.) Un jour viendra peut-être où la loi punira l'électeur négligent.

CHAPITRE 10. — *Du budget de l'état.*

Toutes les dépenses et toutes les recettes publiques doivent figurer au budget de l'état. Le budget alors résume toute l'administration de la chose publique et peut éclairer le législateur. Mais il doit se diviser en budget *ordinaire* et budget *extraordinaire.* Sans cela, quand le pays s'enrichit par de grands travaux, il semblerait s'appauvrir par l'accroissement des dépenses qu'ils occasionnent. (V. p. 87.)

Le budget exerce une haute influence sur le

bonheur social : 1° il retarde ou hâte l'accroissement de la richesse nationale, suivant qu'il est bien ou mal fait ; 2° quand il est bien fait, il donne les moyens de soutenir avec avantage une guerre inévitable, et empêche le chef de l'état d'entreprendre une guerre qu'il peut éviter. C'est peut-être à l'énormité des budgets européens que nous devons une paix si longue ; et, comme cette énormité résulte en grande partie des guerres de la république et de l'empire, on peut en conclure que la guerre elle-même est favorable à la paix quand les nations ont atteint le degré de civilisation dont l'Europe a le bonheur de jouir.

Pour qu'un budget soit bien fait, il doit réunir plusieurs conditions :

1° Il faut que les recettes présumées soient au dessus des dépenses présumées ;

2° Qu'un contrôle existe pour toutes recettes et toutes dépenses, sans exception ; qu'aucun doute ne puisse s'élever sur l'efficacité de ce contrôle, et qu'un ordre parfait règne dans toutes les parties de la comptabilité ;

3° Qu'il n'y ait aucune dépense inutile ;

4° Que l'impôt soit établi de la manière la plus équitable et perçu de la manière la moins gênante pour les citoyens ;

5° Enfin, qu'il soit facile à tout citoyen, à toute commune, à tout canton, à tout arrondissement, à tout département, de se faire *admettre à l'égalité proportionnelle,* s'il prouve qu'il n'y est pas.

Il faut d'abord fixer, avec toute l'économie possible, *les dépenses nécessaires pour bien conduire la chose publique;* un grand peuple a toujours de quoi payer ce qu'il faut pour se faire bien gouverner; mais, quelque riche qu'il soit, il ne doit jamais payer au delà de ce qui est *indispensable.*

Les dépenses fixées, on détermine les *voies et moyens* par des recettes établies de la manière la plus équitable et la moins gênante.

Pour un mauvais gouvernement le budget est un écueil; pour un bon, c'est un puissant moyen de gouverner. Un budget bien fait doit être au pays ce que la rosée est à la terre.

CHAPITRE 11. — *Des dépenses publiques.*

Les dépenses de l'état se composent 1° des frais de service, 2° des rémunérations publiques, 3° du remboursement de la dette; et 4° des travaux publics.

Toute dépense nécessaire au service est légitime; les économies mal entendues sont ruineuses. Mais toute dépense inutile est un vol commis sur les contribuables. L'argent rentre, dit-on, dans la circulation. — L'argent qu'un escroc vous prend y rentre aussi, mais à son profit; et rien ne vous indemnise du vide que ce vol a fait dans votre caisse.

Les récompenses données à propos rendent en bonheur général le centuple de ce qu'elles ont

coûté. Les encouragements à l'industrie, au dé-
frichement, à la construction de nouveaux moyens
de communication, aux colonisations, à la pêche,
à l'agriculture, aux arts, aux sciences, à la vertu,
profitent au corps social entier, puisqu'ils augmentent la richesse nationale et le nombre des
bons citoyens. (V. pag. 30, 37, 62, 161.)

Les retenues sur le service actuel devraient
suffire à la rémunération des services anciens.
Pour cela, il faudrait n'accorder de retraite qu'au
fonctionnaire qui ne peut plus servir et qui en a
besoin.

Le corps social qui ne paie pas exactement ses
dettes perd toute confiance, tout crédit, tout droit
au respect ; il donne aux citoyens l'exemple de
l'improbité, diminue la valeur de toutes les portions de son capital, et s'interdit pour long-temps
le bien-être. Jamais la France ne fut plus pauvre
qu'après sa banqueroute. (V. pag. 114.)

L'emprunt en rentes est celui qui convient le
mieux à un état, parce qu'il présente le double
avantage de laisser au corps social tout le temps
qu'il veut pour se libérer, et qu'il met en circulation un capital fictif qui, pour les créanciers, a
tous les avantages d'un capital réel. (V. pag. 86.)

La dette publique s'éteint par le remboursement, l'amortissement ou la conversion.

Le remboursement a lieu quand il plaît au législateur, à moins qu'un délai n'ait été stipulé en
faveur des créanciers.

L'amortissement est un mode ingénieux de paiement qui éteint la dette peu à peu et soutient les
fonds publics. Pour atteindre ce double but, il
faut 1° qu'il soit intelligent, c'est-à-dire qu'il n'a-
gisse pas au dessus du pair ; 2° qu'il ne soit ni excessif, parce qu'il augmenterait trop les charges
annuelles; ni trop faible, parce qu'il ne produirait
pas assez de bien (un pour cent du capital suffit) ;
3° qu'il agisse toujours uniquement dans l'intérêt
public. Une commission permanente, choisie par
les grands corps de l'état, et dont les décisions seraient publiées aussitôt que rendues, pourrait
donner à cet égard sécurité complète.

L'état devrait toujours se réserver la faculté de
convertir un titre en un titre nouvel, ou de rembourser la somme empruntée. Le bien général veut
que le trésor ne paie pas un intérêt supérieur au
taux courant.

Il ne faut pas croire qu'un peuple soit toujours
plus heureux quand il n'a plus de dettes ; les dé-
sastres financiers des États-Unis suivirent de près
l'extinction de la dette publique ; la suppression
du grand-livre en France jetterait la perturbation
dans beaucoup de familles. La dette publique est
comme ces remèdes auxquels le corps s'habitue,
et qu'on ne saurait supprimer, quelque gênants
qu'ils puissent être, sans courir les plus grands
dangers. (V. p. 87 et 138.)

Ce qui importe au pays c'est 1° qu'aucun emprunt ne soit fait qu'en vue du bien général ; 2°

que la dette ne s'élève pas au dessus des facultés de la nation; 3° et que le pays fasse toujours honneur à tous ses engagements.

Des travaux publics. — Il faut, pendant la paix, faire le plus de travaux qu'il est possible, mais ne pas en commencer trop à la fois, 1° parce qu'ils seraient moins bien exécutés, 2° parce qu'une guerre survenant pourrait causer un grand préjudice, 3° parce que le prix des salaires et des matériaux pourrait subir une augmentation anormale qui jetterait la perturbation dans les entreprises particulières. (V. liv. II, *Du travail et de la richesse.*)

CHAPITRE 12. — *Des recettes.*

Les recettes destinées à supporter les dépenses publiques se composent : 1° du produit de tous les objets possédés par l'état; 2° du produit des colonies, des conquêtes, des monopoles; 3° enfin du produit des impôts, des amendes et des emprunts.

CHAPITRE 13. — *De l'impôt.*

L'impôt est une portion du revenu de chaque citoyen, portion qu'il sacrifie pour concourir au paiement des charges publiques. Ce sacrifice est une prime d'assurance contre le vol, le meurtre, l'incendie, les invasions et la misère. Il faut le réduire autant que possible ; mais, quelque lourd qu'il soit, les avantages qu'il procure valent plus qu'ils ne coûtent. Cependant l'habitude qu'on a de jouir de ces avantages fait qu'on ne les apprécie pas, et beaucoup de contribuables regardent comme perdu l'argent qu'ils versent au fisc. Mais s'il fallait que chaque citoyen payât des gardes pour protéger nuit et jour sa personne et ses propriétés ; qu'il entretînt à ses frais les rues et les chemins dans lesquels il passe, les revenus des plus riches n'y suffiraient pas. Et que deviendraient les pauvres! L'association peut seule pourvoir avec économie et sûreté à la protection dont nous avons tous également besoin. Payons le moins que nous pourrons, mais payons sans regret, car la société fait pour nous plus qu'aucun de nous ne fait et ne peut faire pour elle.

Il faut que le législateur s'applique sans cesse à réduire l'impôt au strict nécessaire, à l'asseoir de la manière la plus équitable et la moins gênante ; il faut aussi que l'impôt soit intelligent, c'est-à-dire qu'au lieu d'épuiser sa source, il la rende plus abondante ; qu'il soit facile à percevoir, et qu'il réserve des ressources pour les besoins extraordinaires ; il faut, enfin, que le pays l'ait consenti.

Quand on veut savoir si un peuple supporte des impôts plus forts que ceux qui le grevaient antérieurement, il faut comparer, non le chiffre des dépenses publiques aux deux époques, mais le rapport de l'impôt au revenu.

Ainsi, par exemple, en 1730, le revenu de la France était d'environ deux milliards. L'impôt (y compris les droits payés à la noblesse et au clergé) s'élevait à 300 millions, ou 15 pour cent de ce revenu. En 1780, le revenu était doublé, mais l'impôt avait plus que doublé, car il était monté à 20 pour cent du revenu. En 1830, le produit annuel était de 9 milliards environ, et l'impôt n'était plus que de onze et demi pour cent du revenu. Depuis 1830, l'impôt s'est élevé, mais le revenu social s'est accru bien davantage.

Il ne faut pas compter les frais de constructions, ni les travaux publics, dans les dépenses annuelles du pays. Accroître le capital social ce n'est pas écraser le peuple, c'est au contraire l'enrichir. (V. p. 87.) L'ouvrier qui gagne 5 fr. par jour, et qui paie, en contributions indirectes ou autrement, 25 c. par jour, est plus heureux que s'il ne payait rien et si son salaire n'était plus que de 3 fr.

On allége l'impôt de trois manières : 1° en réduisant les charges ; 2° en les répartissant mieux ; 3° en augmentant la richesse publique.

CHAPITRE 14. — *Des diverses espèces d'impôts.*

§ 1er. *De l'impôt foncier et du cadastre.* — L'impôt foncier doit avoir pour base unique le produit locatif dont le fonds est susceptible, parce que l'impôt est une charge des fruits. Il doit être réduit le plus possible en temps de paix : c'est une réserve sûre pour les temps de guerre, alors que tous les autres impôts décroissent, et que les dépenses publiques augmentent. Il faut le réduire peu à peu, et porter les réductions sur les départements les plus chargés, afin de se rapprocher autant qu'on peut de l'égalité proportionnelle. C'est ce qu'avait entrepris M. de Villèle; c'est un des besoins les plus urgents de la France. Le cadastre est une chose indispensable pour obtenir et conserver cette précieuse égalité; mais il a besoin, pour atteindre son but, d'être sans cesse corrigé, — parce que la valeur des immeubles et des produits varie sans cesse.

§ 2. *Des portes et fenêtres.* — Il n'est pas juste que la porte d'une chaumière paie autant que celle d'un palais; que la fenêtre d'une petite rue du faubourg Saint-Marcel soit taxée comme une fenêtre de la place Vendôme. Le législateur fait preuve d'incurie lorsqu'il laisse subsister des inégalités aussi choquantes, aussi faciles à corriger.

§ 3. *De l'impôt personnel et des patentes.* — Il faut, pour la capitation comme pour les patentes, établir des classes assez nombreuses pour que chaque citoyen contribue suivant sa position sociale. Un journalier doit moins qu'un fermier; un fermier doit moins qu'un pair de France. L'égalité proportionnelle est seule juste.

Il est une patente que je voudrais voir établir,

une patente sur l'oisiveté volontaire. Pourquoi celui qui, les bras croisés, jouit de tous les avantages que procure la société, ne serait-il pas soumis à patente aussi bien que l'industriel ? (V. p. 62.)

§ 4. *Contributions mobilières.* — Partout où vous occupez un local meublé, vous jouissez pour ce local, et pour ce qu'il renferme, de la protection commune ; vous devez donc une prime proportionnée à la valeur supposée du mobilier, d'après le prix de location du logis ; rien de plus juste.

§ 5. *Impôt sur la consommation.* — Quand cet impôt n'atteint pas les objets de première nécessité, il est excellent ; s'en affranchit qui veut.

Les droits de douane font partie de l'impôt indirect, le moins lourd et le plus facile à percevoir.

Plus l'impôt indirect est facile à percevoir, plus il faut se tenir en garde contre son accroissement.

§ 6. *Des droits d'enregistrement.* — L'enregistrement est nécessaire pour assurer une date aux actes. Cette formalité donne occasion d'établir un impôt facile à percevoir, mais qu'il faut modérer ; quand il est trop fort, les citoyens ont recours, pour l'éluder, à des subterfuges nuisibles à la morale, à la paix des familles, et au fisc lui-même.

On peut augmenter les droits sur les successions, sur les successions collatérales surtout. L'héritier, le légataire, paient volontiers, et ne peuvent éluder le paiement. Mais diminuez le droit sur les contrats onéreux ; il y aura moins de fraude, moins de procès, et le mouvement de la richesse augmentera les produits de la régie.

§ 7. *Impôt sur le luxe.* — On essaya d'imposer le *luxe* dans un moment où la France était misérable (après la banqueroute et le *maximum*); l'essai ne réussit point. Mais aujourd'hui que la France est riche, un impôt sur les objets de luxe serait productif, et permettrait d'alléger l'impôt du sel, qui nuit tant à l'agriculture. L'impôt de luxe produit en Angleterre plus de 30 millions.

§ 8. *Des assurances.* — S'il est un monopole que l'intérêt général exige pour l'Etat, c'est celui des assurances : le trésor et la sécurité publique y gagneraient. La législation sur les assurances exige un soin particulier; quand on ne risque plus rien, on prend moins de précautions, et le public en souffre.

L'assuré paie exactement la prime, afin de ne pas se priver du bénéfice de l'assurance. Faites que l'état soit *assureur ;* confondez la prime avec l'impôt foncier; l'assuré paiera toujours avec empressement, pour ne pas perdre ses droits en cas de sinistre. Quel avantage pour le trésor, pour la sécurité publique, et pour les citoyens! On n'aurait plus besoin de faire assurer l'assureur... (V. p. 270.)

CHAPITRE 15. — *Réflexions sur les charges publiques.*

Charger un peuple au delà de ses forces, c'est le pousser aux révolutions. (V. p. 280.) Il serait impolitique de lui imposer même toutes les charges qu'il est capable de supporter. Un gouvernement sage réserve toujours des ressources pour les besoins imprévus ou extraordinaires, et travaille sans cesse à l'allégement des charges publiques : tout allégement produit un bon effet pour le pays et pour le gouvernement. Les rois dont la mémoire est restée chère aux nations sont ceux qui ont diminué le fardeau qu'elles portaient ; et l'histoire atteste que le poids des impôts est la cause la plus fréquente des révolutions. La plupart des citoyens jugent du mérite d'un gouvernement d'après leur cote de contributions !

Transition.

J'ai dit comment il faut étudier la nation : dans son ensemble, — dans ses diverses parties, — et sous ses différents aspects. J'ai parlé des principaux phénomènes sociaux, et particulièrement des Mœurs, du Bonheur social, des Lois et du Gouvernement.

Il reste à étudier le phénomène le plus intéressant et le plus difficile à maîtriser : je vais parler des révolutions. Je descendis un jour au fond du cratère, pendant l'éruption ; mais, plus heureux que Pline, je revis la lumière, et je décrivis le volcan. (*Réflexions d'un électeur, qui ne demande aucune place, sur les événements des 27, 28 et 29 juillet. — Septembre 1830.*) Dieu veuille que l'expérience de nos pères, et notre propre expérience, ne soient pas entièrement perdues pour nos enfants !

LIVRE SIXIÈME.

DES RÉVOLUTIONS.

Toute révolution est une crise; toute crise, un danger....

(P. 17.)

TITRE I. — DIFFÉRENCE ENTRE LES RÉFORMES ET LES RÉVOLUTIONS.

Toute substitution d'un contrat social à un autre, d'un gouvernement à un autre, est une *révolution*.

Le changement est entier ou partiel, volontaire ou forcé; quelquefois il s'opère par force extérieure.

On appelle *réforme* tout changement qui s'opère dans les lois ou dans le gouvernement, sans altérer la constitution.

Les *réformateurs*, ennemis des révolutions, veulent améliorer, pour éviter le besoin de renverser. — Un lord Grey eût préservé de grands maux Louis XVI et la France !

Les *révolutionnaires* sont de deux espèces : les uns travaillent *directement* à renverser le gouvernement établi; les autres, *indirectement* et sans le vouloir. Ces derniers se subdivisent en deux classes : ceux qui marchent au renversement par amour du changement, et ceux qu'y pousse une profonde horreur pour les innovations. On peut classer les révolutionnaires en trois catégories : les *meneurs*, qui se tiennent éloignés du danger, parce que, selon eux, *leur vie importe au bien public ;* les *dupes*, qu'ils mettent en avant ; et les *hommes du lendemain.* — Leurs parts sont toujours à peu près les mêmes : aux *dupes*, le danger ; aux *meneurs*, aux *hommes du lendemain* surtout, le profit.

Il arrive quelquefois que le pays, à qui les meneurs crient « que la révolution a été faite pour » son bonheur », la prend pour son compte sans s'arrêter à leur programme : ils la trouvent mauvaise, quand ils ne peuvent plus la diriger au gré de leurs intérêts. — Les *réformateurs* alors prennent la place des *révolutionnaires :* tout ce qui était bon pour *détruire* n'est pas bon pour *édifier*.

La réforme conduit plus sûrement au but qu'une révolution, parce que la sagesse et la prudence lui servent de guides ; elle fait ce qu'elle veut faire, et s'arrête là où commencerait le mal. Qui peut arrêter une révolution ? Qui peut la diriger ? Mirabeau mourant disait avec amertume : « J'ai » démuselé le tigre, le remusellera qui pourra ! »

Tout ami éclairé de son pays désire la réforme des abus qui s'opposent à son bonheur ; mais, pour souhaiter une révolution, il faut être prophète, ruiné ou fou.

TITRE II. — CAUSES ET SYMPTOMES DES RÉVOLUTIONS.

CHAPITRE 1ᵉʳ. — *Causes des révolutions.*

Mille causes peuvent amener une révolution ; toutes se résument dans celle-ci : *absence d'harmonie entre le gouvernement et le pays.* (V. p. 285.)

CHAPITRE 2. — *Symptômes précurseurs.*

L'absence d'harmonie entre le gouvernement et le pays se révèle par des symptômes qu'il faut étudier : entraves dans la marche des affaires publiques ; difficulté dans la perception de l'impôt et dans l'exécution des lois ; fréquente nécessité d'arbitraire ; impunités scandaleuses ; insolence des partis ; conspirations, émeutes, attentats contre le chef de l'état, etc.

§ 1ᵉʳ. *Entraves dans la marche des affaires publiques.*— Quand les pouvoirs sociaux ne sont plus d'accord, quand l'administration ne fonctionne plus bien partout, quand le cours de la justice est arrêté, quand les finances ne sont plus en état de faire face aux besoins du service, ou quand les lois ne reçoivent pas une exécution facile, il faut, sans retard, chercher les causes du mal et y porter remède. Toute négligence, toute impéritie, toute faiblesse, toute tergiversation, empire le mal et hâte la révolution.

§ 2. *Difficultés dans la perception de l'impôt et*

dans l'exécution des lois. — Les difficultés que présente la perception de l'impôt dérivent ou d'un malaise social (V. p. 147), ou de l'énormité des charges (V. p. 274), ou du mauvais vouloir des citoyens. (V. p. 192.) Pour lever les premières, il faut remédier au malaise : *Principiis obsta.* Pour lever les secondes, il faut réduire les charges, ou les mieux répartir, ou tout au moins accroître les moyens de les supporter.(V. p. 261.)

Quant au mauvais vouloir des citoyens, symptôme le plus alarmant, il faut, pour le vaincre, donner au pays tout ce qu'il peut raisonnablement désirer. (V. p. 257 et 283.)

Les difficultés que présente l'exécution des lois dérivent de l'imperfection des lois ou du gouvernement. Quand les lois sont bien appropriées aux besoins du pays, et que le gouvernement, bien constitué, est armé de pouvoirs et de moyens de gouverner suffisants, les difficultés disparaissent. Il faut donc, quand surgit une difficulté, voir attentivement si le vice qui la produit est dans le gouvernement ou dans la loi, et s'empresser de le corriger. (V. p. 181 et 193.)

§ 3. *Nécessité fréquente d'arbitraire.* — Comme la loi n'a pu tout prévoir, et que ceux qui la font exécuter doivent pourvoir à tout, l'arbitraire est obligé de remplir les lacunes (V. p. 245); mais l'arbitraire est l'exception : quand l'exception devient plus fréquente que la règle, il y a dans les lois des lacunes, ou dans le gouvernement des vices, qu'il importe de faire disparaître au plus tôt. (V. p. 179.)

§ 4. *Insolence des partis.* — Quand un parti se déclare ouvertement contre le gouvernement national, quand ses chefs et ses organes font impunément appel à l'insurrection, le législateur doit prendre, pour le réprimer, les mesures que la constitution autorise.

Libre à chacun de faire des vœux contre son pays, *in petto;* mais il n'est jamais permis à qui que ce soit de les faire ouvertement. Le cynisme est aussi dangereux en politique qu'en morale.

Plus les partis se fractionnent, moins ils sont redoutables, et c'est à leur égard seulement qu'il est permis d'appliquer la maxime : *Diviser pour régner.* (V. p. 255.)

§ 5. *Des conspirations.* — Un gouvernement appuyé sur la volonté nationale n'a pas à craindre les conspirateurs. Une conspiration le fortifie 1° en prouvant qu'il est solide ; 2° en lui procurant les moyens de déjouer de nouvelles attaques. Ainsi, les conspirations ne sont dangereuses que pour les mauvais gouvernements. (V. p. 194 et 282.)

Eclairez les citoyens sur leurs véritables intérêts (V. p. 10) ; comme il leur importe à tous que la chose publique prospère, les conspirations deviendront rares, et les conspirateurs odieux. Mais surtout faites en sorte que les citoyens ne puissent espérer mieux d'un autre gouvernement. « Un » peuple content, disait le grand Frédéric, ne » songe pas à se révolter. »

§ 6. *Des émeutes et des insurrections.* — Quand une portion minime du peuple se lève contre l'autorité, il y a émeute ; quand l'émeute est plus forte que l'autorité locale, il y a insurrection ; quand l'insurrection devient générale, il y a révolution.

L'émeute et l'insurrection ébranlent un mauvais gouvernement ; elles fortifient celui qui s'appuie sur la volonté générale ; parce que le pays regarde comme ses amis ceux qui attaquent le gouvernement qu'il hait, comme ses ennemis ceux qui attaquent le gouvernement qu'il aime. (V. p. 194 et 281.) Voilà pourquoi toute insurrection contre un gouvernement national se résume en quelques mots : tant de morts, tant de blessés, tant de prisonniers, tant de condamnés, tant d'acquittés, tant d'exécutés, tant de nouvelles lois préventives et répressives, tant de plus au budget.

§ 7. *Attentats contre le chef de l'état.*—Rarement une révolution de palais amène une révolution dans le pays. *Le roi est mort, vive le roi !* tel est le premier cri que l'instinct de conservation arrache aux masses. L'assassin est souvent puni sur place. Quand il échappe à l'indignation populaire, il subit la peine du parricide, et son nom reste couvert d'ignominie : Ravaillac ! Damiens ! Fieschi !

L'assassin qui réussit appelle au trône quelques années plus tôt l'héritier présomptif ; celui qui ne réussit pas entoure le prince de plus d'intérêt. Grâce à Damiens, Louis XV était devenu l'idole des Français. Ainsi *le régicide lui-même consolide le trône* (V. p. 222), quand le trône est nécessaire au bonheur du pays. (V. p. 166.)

TITRE III. — MOYENS DE PRÉVENIR LES RÉVOLUTIONS.

Il n'y a que trois moyens de prévenir une révolution : les concessions, la force, ou la ruse.

Le premier est facile, et réussit toujours, quand le chef de l'état est à la hauteur des circonstances, et qu'il n'a d'autre but que le bien du pays. (V. p. 219.) Mais il faut savoir céder à propos. Les concessions de Louis XVI hâtèrent sa ruine, parce qu'il ne les sut pas faire à temps; celles de Louis-Philippe ont consolidé le trône constitutionnel. (V. p. 212.)

La force peut comprimer pendant quelque temps le vœu du pays; mais le gouvernement qu'elle soutient est incapable de faire le bien, et doit tomber au premier choc. (V. p. 9 et 191.)

La ruse ne réussit que jusqu'au moment où elle est découverte. Charles X obtint un budget par le ministère Martignac; le budget obtenu, Martignac fut remplacé par des ministres auxquels on savait bien que les chambres n'eussent pas accordé le budget : l'univers a connu la ruse et ses terribles effets.

Quand les besoins sociaux ont changé, la volonté nationale exige des changements. (V. p. 171.) Les changements exigés peuvent-ils s'opérer sans altérer le contrat social, et sans danger, hâtez-vous de les faire, l'harmonie renaîtra. Les changements exigés offrent-ils quelques dangers, éclairez le pays; il n'insistera pas, quand vous lui aurez prouvé qu'il demande une chose impossible ou nuisible. (V. pag. 10.) Sont-ils contraires au contrat social, résistez; mais qu'il soit évident que le *devoir seul et l'intérêt du pays vous empêchent de concourir à une chose contraire à vos serments;* et, pour mieux le prouver, accordez en compensation tout ce que la constitution permet. On est toujours fort quand on est dans son droit et qu'on n'a réellement en vue que le bien public. (V. p. 180.)

Ne dites jamais : « Plus de concessions » ; le devoir du gouvernement est d'*améliorer sans cesse* et de satisfaire les nouveaux besoins qui surgissent. (V. pag. 11, 134, 172 et 193.) Le jour où Charles X prit la résolution *immuable* de ne plus faire de concessions, il prépara son abdication.

Quand la volonté générale est évidente, quand vous avez tout fait pour l'éclairer sur les inconvénients de la réforme demandée, accordez, accordez (V. p. 212 et 280); accordez pour qu'elle n'arrache pas; accordez loyalement, et faites tous vos efforts pour que la réforme produise au pays le plus de bien et le moins de mal possible. Gardez-vous d'attendre que le danger ou la nécessité vous force la main : « on ne vous saurait plus gré de la concession obtenue malgré vous » (MACHIAVEL), et on douterait de votre bonne volonté dans l'exécution.

Une des choses les plus importantes et les plus difficiles dans le gouvernement des états, c'est de savoir accorder ou refuser à propos. (V. p. 283.)

—— ——

TITRE IV. — DES RÉVOLUTIONS VIOLENTES.

> Quæque ipse miserrima vidi....
> (Virgile.)

Chapitre 1er. — *Quand elles s'opèrent.*

Quand la volonté générale exige des changements que le gouvernement s'obstine à refuser, ou quand le gouvernement veut en faire malgré le pays; en un mot, quand il y a dissentiment *absolu* entre la nation et le pouvoir, — comme le gouvernement ne peut casser le pays, il faut bien, pour rétablir l'harmonie, que le pays casse le gouvernement. (V. p. 279.)

Et comme les gouvernants, qui ont une force quelconque à leur disposition, n'acceptent pas toujours de bonne grâce leur congé, une lutte s'établit; — et cette lutte est une guerre civile, et cette guerre civile amène l'anarchie.

La guerre civile dure plus ou moins, suivant les forces et les partisans qui restent au pouvoir déchu; et l'anarchie brise tous les éléments du bonheur social. (V. p. 143 et 190.)

Chapitre 2. — *Effets matériels des révolutions violentes.*

Quand le gouvernement est renversé, la loi tombe avec lui. Plus de protection, plus de justice, plus de sécurité, plus de confiance; plus de travail, plus de commerce; malaise dans toutes les parties du corps social, et principalement dans les classes que nourrit un travail quotidien. Si bien vite un nouveau gouvernement n'est constitué, la nation, livrée aux plus horribles convulsions de l'anarchie, se jette dans les bras du premier tyran qui se présente.

Un nouveau gouvernement est-il constitué? les partisans de l'ancien se joignent aux anarchistes pour l'étouffer, et le vaisseau de l'état, dirigé par des pilotes improvisés, navigue difficilement à travers mille écueils; l'inquiétude accroît la défiance, la défiance accroît l'inquiétude. Au lieu de songer aux améliorations, le pouvoir songe avant tout à se maintenir : il lui faut un surcroît de forces, un surcroît d'impôts, et cependant les produits ont diminué ; il ne peut satisfaire à la fois tous les besoins et tous les vœux, — et tout ce qui n'est pas satisfait s'irrite; la nation *victorieuse* exige beaucoup, et le nouveau gouvernement peut d'autant moins que les ressorts de l'autorité sont brisés.

Voyez sa position : il a contre lui 1° les par-

tisans du pouvoir déchu ; 2° les anarchistes, ennemis nés de tout gouvernement ; 3° et tous les am-
bitieux qu'il ne peut gorger d'or ou d'honneurs.
Fait-il des réformes, il s'aliène les esprits station-
naires ; n'en fait-il pas, ou pas assez, ou ne les
fait-il pas assez promptement, les réformateurs
l'accusent de mauvaise foi. D'un autre côté, le
peuple est bientôt désenchanté ; voici pourquoi :
après la révolution, il obéit et paie comme auparavant. Il *obéit*, parce qu'il faut indispensablement
qu'il soit gouverné, et qu'on ne peut être gouverné
sans obéir. (V. p. 190.) Il *obéit* donc, et l'obéissance
est plus dure que jamais : d'abord, parce qu'il en
a perdu l'habitude ; et, en second lieu, parce que,
la révolution ayant brisé les ressorts du pouvoir,
il faut, au moins provisoirement, un surcroît de
force, pour les rétablir. Il *paie* les charges publiques ; c'est encore inévitable. Il paie plus, en
hommes et en argent : en *hommes*, parce que les
troubles, la guerre civile qui gronde, et la guerre
étrangère qui menace, exigent un plus grand dé-
ploiement de forces ; en argent, parce qu'il faut
payer ces forces extraordinaires, et réparer les
avaries de la secousse.

Le peuple cependant a moins de ressources
1° parce que la révolution lui a coûté du sang et de
l'or ; 2° parce qu'elle a arrêté la circulation de la
richesse, le travail, l'industrie, et par conséquent diminué les produits sociaux et la richesse
générale. (V. p. 57 et 81.)

Ainsi, la révolution augmente les charges publiques, et diminue les moyens de les supporter.

Le nouveau pouvoir parvient difficilement à vaincre les obstacles qui l'environnent ; sa faiblesse augmente le malaise général ; le corps social, ébranlé jusqu'en ses fondements, ne peut se rasseoir ; la confiance n'ose reparaître ; la richesse décroît ; les devoirs du citoyen deviennent plus impérieux et plus gênants ; les ennemis intérieurs et extérieurs se montrent à découvert ; le gouvernement n'a d'autre soutien que la force négative et silencieuse des sages, ennemis nés du désordre et des révolutions. S'il est trop faible, ou s'il se décourage, sa chute rallume la guerre civile,—et la guerre étrangère menace l'indépendance nationale ; — et tous ces maux, et tous ces dangers, aboutissent... *à substituer un gouvernement à un autre, un nouveau chef à l'ancien !* Vanitas vanitatum !

CHAPITRE 3. — *Effets des révolutions relativement aux nations étrangères.*

Une révolution dérange tous les rapports internationaux, brise quelquefois les alliances les plus intimes, et le plus souvent amène la guerre. Les Tarquins trouvent toujours des Porsenna, parce qu'un roi se croit ébranlé par la chute de son voisin.

CHAPITRE 4. — *Effets moraux des révolutions violentes.*

Les effets moraux des révolutions violentes ne sont pas moins funestes que les effets matériels : l'autorité perd son prestige, la vénération s'exile, la fidélité n'est plus une vertu, le parjure n'est plus un crime, les peines encourues sous le gouvernement déchu obtiennent des récompenses du gouvernement qui lui a succédé. Tous les principes de la morale sont bouleversés, ou plutôt il y a autant de morales que de partis. Un citoyen enseigne à ses enfants que le nouveau chef est un usurpateur ; un autre, que ce chef a sauvé le pays ! Les opinions divisent les familles ; chacun flétrit les principes qu'il n'adopte pas. On s'accoutume à voir dans le gouvernement non le protecteur né de tous les intérêts, mais un ennemi qu'il faut combattre à outrance. — Quand on déteste le chef, comment aimer ses agents ? et quand tous les dépositaires de l'autorité sont considérés comme les vils agents d'un tyran, que devient l'obéissance aux lois ? — Et si vous donnez à vos enfants l'exemple du mépris des lois et de l'autorité publique, vos enfants méprisent naturellement votre autorité... (V. p. 116.) Que de temps pour restaurer les idées morales après une révolution violente !

« Du bien au mal plus la pente est rapide, plus il
» faut de temps et d'efforts pour remonter du mal
» au bien. » (*Discours préliminaire sur le Code civil.*)

Chapitre 5. — *A qui profitent les révolutions violentes.*

Les révolutions ne profitent pas à la génération qui les opère : car cette génération se trouve avoir plus de charges et moins de moyens de les supporter. (V. p. 287.) La génération qui suit en recueille quelques fruits, quand la révolution a fini promptement; mais ces fruits lui coûtent souvent bien cher, et elle expie les torts de la génération révolutionnaire; ce qui fait dire à l'amiral Grivel que « les révolutions ne valent jamais ce qu'elles ont coûté. »

Qui gagne aux révolutions? — Les propriétaires?—Mais l'ébranlement social diminue la valeur et les produits des capitaux. — Les prolétaires? — Mais ils sont les premières victimes d'une secousse qui arrête le travail et la circulation de la richesse. (V. p. 30 et 286.)—A qui donc profitent les révolutions?— A quelques turbulents.— Mais l'avantage qu'ils en retirent est-il de longue durée? — Rarement; que sont devenus les révolutionnaires de 89, 90, 93? les d'Esprémesnil, les Barnave, les Barbaroux, les Pétion? La Montagne fut-elle plus heureuse que la Gironde? Tous les meneurs voulaient assurément *le bonheur de la patrie;* qu'ont-ils fait à la patrie, à eux-mêmes, à leurs enfants! Depuis 1792, l'indépendance et la nationalité françaises ont été cent fois compromises;

en 1814, en 1815, nos armées ont passé sous les
fourches Caudines, et l'étranger est venu dicter
ses lois à la France. Voilà le fruit des révolutions !

TITRE V. — DES RÉVOLUTIONS PAR FORCE EXTÉRIEURE.

Malheur au peuple qui se laisse imposer un
gouvernement par l'étranger ! Malheur au gouvernement imposé ! Ses efforts pour le bien seront in-
utiles : il n'aura de puissance que pour le mal. Le
pays ne lui rendra quelque justice qu'après l'avoir
brisé ; tant qu'il subsiste, la nation ne voit en lui
que l'agent de l'ennemi, et les citoyens, qu'un ulcère qu'il faut sans cesse combattre et restrein-
dre, et dont il faudrait se délivrer à tout prix.

Comme un tel gouvernement n'a pour titre que
la force, il ne peut se maintenir que par la violence. Il lui faut une armée d'étrangers, des lois
d'exception, des tribunaux d'exception. L'étranger
lui vend au poids de l'or son appui. L'intérêt et
l'honneur de la nation, profondément blessés,
sont toujours prêts à secouer un joug odieux.

Les révolutions par force extérieure ne produisent que du mal, et pour la nation *asservie*, et
pour le pouvoir oppresseur, et pour les nations
même qui les opèrent.

L'Angleterre dépensa 20 milliards pour empêcher la France de se faire gouverner à sa guise.
A quoi servirent tant de sacrifices ? L'Angleterre

aujourd'hui comprend que sa voisine avait droit, comme elle, de se donner un gouvernement qu'elle croyait lui convenir. Que nous ont valu nos guerres contre l'Espagne, en 1808, en 1823 ?

Si l'Europe eût fait en 1830 ce qu'elle fit en 92, elle serait bouleversée ; et le résultat de tous ses efforts serait de prouver de nouveau « qu'il faut » laisser à chaque nation son indépendance ». (V. p. 16 et 50.)

La propagande absolutiste est aussi peu raisonnable que la propagande républicaine : chaque peuple a ses goûts, ses besoins, son génie, ses mœurs; chaque peuple doit avoir *ses* lois, *son* gouvernement. Faites, monarques absolus, faites que vos sujets soient plus heureux que les Français : ils ne demanderont plus de constitution. Soyez des Antonins ! un bon monarque absolu, tant qu'il règne, vaut mieux que la meilleure constitution ; mais, comme les bons rois sont de rares exceptions, les peuples sages doivent entourer le trône de garanties : octroyez, on n'arrachera pas.

TITRE VI.— DES PRÉTENDANTS ET DES RESTAURATIONS.

CHAPITRE 1er. — *Des prétendants.*

L'existence d'un prétendant a des inconvénients graves; mais elle a aussi quelques avantages : le chef qui voit un concurrent toujours prêt à profiter de ses fautes se tient sur ses gardes, et gouverne avec plus de justice.

Autrefois on mettait à prix la tête d'un prétendant; aujourd'hui on s'efforce de valoir mieux que lui. Qui songe, en Suède, à détrôner le vénérable chef que sa bravoure et ses talents ont mis sur le trône de Wasa?

Chapitre 2. — *Des restaurations.*

Fox disait : « Une restauration est la pire des révolutions. »

Une révolution coûte fort cher, et vaut rarement ce qu'elle coûte. (V. p. 290.) Une restauration coûte plus encore, parce qu'on est obligé d'indemniser, et ceux qui perdent, et ceux qui ont perdu; qu'elle est entourée de vieux serviteurs qui veulent tout, et de serviteurs nouveaux qui ne veulent rien laisser aux anciens; et qu'elle est obligée de lutter contre les mécontents anciens et nouveaux, qui s'accordent bientôt pour la renverser, sauf à se disputer ses dépouilles.

La restauration ne peut se maintenir qu'en donnant au pays mieux et plus qu'il n'eût eu sans elle. La charte de 1814 pouvait remplir cette condition; mais elle ne fut pas sincèrement exécutée. Charles X voulut *restaurer* l'ancien régime; il voulut ressusciter un mort....... Autres temps, autres besoins. (V. p. 12, 134, 172 et 193.)

TITRE VII. — MOYENS DE FINIR LES RÉVOLUTIONS.

Le seul moyen de finir une révolution, c'est d'instituer un gouvernement qui soit approprié aux besoins du pays, et en harmonie avec la volonté générale. (V. p. 9 et 279.)

Tant qu'un peuple n'a pas institué un gouvernement qui réunisse ces deux conditions, il tourne dans le cercle des révolutions, des restaurations, et des contre-révolutions. (V. p. 166.)

Ce qui prolonge un état si contraire au bonheur social, c'est que les gouvernants, que le pays choisit ou accepte successivement, ont tout au plus assez de temps pour faire sur lui quelques essais. D'essais en essais, le bien public décroît sans cesse, jusqu'à ce qu'un empirique ou un voisin puissant emploie de grands remèdes, pires que le mal.

TITRE VIII. — RÉFLEXIONS SUR LES RÉVOLUTIONS.

Toute révolution est une maladie, une crise pour le corps social (V. p. 17); quelquefois il se porte mieux après la crise qu'auparavant. Mais la convalescence est toujours lente et pénible; ce qui fait dire au marquis de Bouillé, dans son livre sur *le Prince de Machiavel :* « Les révolutions sont des toniques qui relèvent un moment les forces, mais ruinent le tempérament de ceux qui les emploient. »

Nul ne sait comment finira une révolution, ni quel gouvernement succédera au gouvernement qu'on renverse; nul ne sait quelles nécessités résulteront du changement qu'on veut opérer; quels résultats ces nécessités amèneront pour le pays et pour les citoyens. Voilà pourquoi l'homme sage, qui aime sincèrement la patrie, redoute les révolutions. Casimir Périer fit des efforts inouïs pendant les trois journées pour empêcher la révolution de 1830; mais, quand elle fut accomplie, il fit tout pour soutenir le nouveau gouvernement. Solon avait tenu la même conduite.

Ceux qui poussent aux révolutions agiraient autrement s'ils voyaient ce qui doit en résulter pour le pays et pour eux-mêmes. Barbaroux apercevait-il le 31 mai à travers le 10 août? De l'île d'Elbe, Napoléon voyait-il Waterloo? M. de Polignac, signant les ordonnances, croyait-il détrôner Charles X?

En fait de révolutions, les meilleures sont les plus rares; les plus mauvaises, celles qui ne finissent pas.

La révolution de 1830, qu'on disait si bénigne, a coûté à la France plusieurs milliards; l'a forcée d'augmenter son armée de 200,000 hommes, et son budget de 200 millions! Une révolution nouvelle coûterait encore plus, car la France a grandi.

Qu'importent le nom et le titre du chef de l'é-
tat, pourvu qu'il fasse bien exécuter les lois que
nous portons dans notre intérêt? Otez le roi
pour mettre un empereur, un président ou un
consul, qu'aurez-vous changé? — Un nom. Le
chef, quel qu'il soit, fera exécuter vos lois, vous
fera payer des impôts et fournir des soldats, et le
changement se réduira pour nous en une perte
d'or, de sang, et peut-être de puissance. (V. p.
286.)

Mais si le chef actuel nous déplaît.... — Eh!
qui vous dit que le nouveau chef vous plairait dans
six mois? Les chefs meurent, les nations restent.
Améliorons sans cesse le gouvernement que la
nation a spontanément créé, qu'elle a soutenu
contre tous les partis, qu'elle soutient, qu'elle aime ; empêchons-le de sortir des bonnes voies;
secondons les efforts qu'il fait pour rendre la
France plus grande, plus forte, plus riche et plus
heureuse : notre devoir et notre intérêt le veulent
ainsi.

Disons donc à nos enfants, nous qui avons fait
l'expérience des révolutions : « Des réformes,
» toujours! des révolutions, jamais !

CONCLUSION.

Optare liceat, amare liceat, si potiri
non licet.

———

L'amélioration de l'homme et du sort de l'homme est le but final de tous les efforts de l'esprit humain et de la civilisation. Religions, gouvernements, lois, arts et sciences, tout gravite vers le même but. Le passé éclaire le présent, le présent éclaire l'avenir; et toutes les connaissances humaines, se prêtant un appui mutuel, concourent à rendre les hommes meilleurs, — unique moyen de les rendre plus heureux. Le flambeau de la civilisation se transmet d'âge en âge, plus radieux à mesure qu'il s'élève; et plus il répand de lumières, plus il diminue l'empire du mal.

Le bonheur, unique but des vœux d'un peuple, doit être aussi l'unique but de son gouvernement, de toutes ses institutions et de tous ses efforts. Le bonheur social est la somme du bien-être matériel et moral dont jouissent les citoyeus. Il est relatif, et varie suivant les besoins; mais, parmi ses éléments, il en est d'invariables. L'économie sociale nous dit comment on les obtient, — comment on les conserve, — comment on les perd. Elle nous apprend que pour assurer au corps social tout le bonheur dont il est susceptible, il faut de *bonnes lois — bien exécutées;* — ce qui suppose de *bonnes mœurs*, une *bonne constitution* et un *bon gouvernement.*

Nos *mœurs* s'améliorent ; le principe électif, bien compris et bien dirigé, les épurera de plus en plus, sous l'influence d'un meilleur système d'éducation, de peines et de récompenses.

La *constitution* de 1830, appropriée aux besoins d'un grand peuple et d'une civilisation avancée, se prête à toutes les améliorations que nous pouvons raisonnablement souhaiter. Elle nous donnera des siècles de prospérité, si nous savons développer avec une sage lenteur les germes excellents qu'elle renferme.

Nous avons aussi un *gouvernement* approprié à nos mœurs, à nos goûts, à nos besoins ; ce gouvernement pondéré que rêvaient les grands publicistes de l'antiquité. Sachons nous en servir ; écartons les obstacles qui gênent son action civilisatrice ; combattons les abus qui menacent de l'étouffer ; améliorons nos lois ; mais adoptons franchement la devise du guerrier-orateur : « La » Charte, toute la Charte, rien que la Charte ! » Nous avancerons à pas assurés dans les voies du bonheur social et de la civilisation. Persévérons.

O ma patrie ! ô France ! terre féconde en vertus, en génie, en héros ! sois moins inconstante ; ne te laisse plus égarer par tes instincts généreux : tu deviendras la plus grande comme tu es déjà la plus heureuse des nations !

FIN.

TABLE.

IIIe Partie. *De la nation dans ses rapports avec les autres nations.*

LIVRE II. — PHÉNOMÈNES SOCIAUX.

Ire Partie. *De la population, du travail et de la propriété.*

LIVRE III. — DU BONHEUR SOCIAL.

LIVRE IV. — DES LOIS.

20*

LIVRE VI. — DES RÉVOLUTIONS.

FIN DE LA TABLE.

ERRATA.

P. 24, ligne 4 : l'union *de* familles ; lisez *des* familles.
P. 49, ligne 2 : *n'avait* servi ; lisez *n'avaient* servi.
P. 154, ligne 20 : déshéritée *par* le crime ; lisez *pour* le crime.
P. 177, dernière ligne : *tout* le onzième ; lisez *presque tout.*
P. 187, ligne 5 : ne veut plus *vouloir ;* supprimez *vouloir.*
P. 208, lignes 19 et 20 : supprimez les mots soulignés.
P. 213, ligne 5 : Voy. au liv. VI, *Des concessions ;* lisez Voy. p. 283.
P. 291, ligne 10 : *les citoyens ;* lisez *le citoyen.*

Imprimerie de GUIRAT